Ingeborg Prior
Der Clown und die Zirkusreiterin

SERIE PIPER

Zu diesem Buch

Was wie eine schöne, aber nicht ungewöhnliche Liebesgeschichte beginnt, entwickelt sich zu einem gefährlichen Spiel: Die achtzehnjährige Irene verliebt sich in den Clown Peter Bento. Um bei ihm sein zu können, reist sie mit dem Zirkus Althoff als Kunstreiterin, Clownesse, Akrobatin. Aber man schreibt das Jahr 1941 – Irene ist Jüdin. Und dann geschieht das Wunder: Die Zirkusfamilie nimmt Irene auf und versteckt sie. Es beginnt eine dramatische Geschichte vom Leben und von der Liebe im Untergrund. Ständig bedroht von Denunziation und Verhaftung bleibt das junge Paar zusammen und bekommt zwei Kinder, von denen niemand wissen darf. Allabendlich tritt Irene mit strahlendem Lächeln vor das Publikum und weiß doch, daß jede Vorstellung ihre letzte sein kann. – In langen Gesprächen mit Irene und Peter Bento, mit Zirkusdirektor Adolf Althoff, mit Freunden und Zeitzeugen hat Ingeborg Prior diese einzigartige Geschichte rekonstruiert. Sie erzählt sie wie einen Roman. Dennoch ist alles wahr – und daraus gewinnt die atemberaubende Erzählung noch eine eigene Dimension: Geschichte wird greifbar.

Ingeborg Prior, geboren 1939, Kölnerin mit schwäbischen Wurzeln, ist ausgebildete Redakteurin, seit 1980 freiberuflich als Journalistin und Autorin für verschiedene Medien tätig.

Ingeborg Prior

Der Clown und die Zirkusreiterin

Eine Liebe in finsterer Zeit

Mit 29 Schwarzweißfotos

Piper München Zürich

Ungekürzte Taschenbuchausgabe
August 1999

Umschlag: Büro Hamburg, Andreas Rüthemann
Umschlagabbildungen: Katharina Hummel
Foto Umschlagrückseite: Katharina Hummel
Satz: Ebner Ulm
Druck und Bindung: Clausen & Bosse, Leck
Printed in Germany ISBN 3-492-22832-1

✦ INHALT

1 DIE KUNSTREITERIN

DAS Fahrrad ist alt und klapprig, eigentlich viel zu groß für die zierliche Irene Danner. Nur mühsam erreicht die Achtzehnjährige die Pedale. Dabei trägt sie schon Schuhe mit besonders dicken Korksohlen. Irene ist nur 147 Zentimeter groß. Sie hat langes dunkles Haar, das sie jeden Morgen zu Schillerlocken dreht. Sie mag nicht, wenn es sich kräuselt. Sie möchte nicht anders aussehen als die Mädchen im Dorf. Irene trägt einen weiten schwarzen Glockenrock mit weißen Punkten, dazu eine weiße Bluse mit einem Schößchen, das ihre schmale Taille betont. Sie hat die Bluse selbst bestickt mit Röschen aus winzigen Kreuzstichen. Ihre Großmutter hat ihr dabei geholfen.

Es ist der 16. Juni 1941. Das zweite Kriegsjahr. Wie jeden Morgen in den letzten Monaten fährt Irene auf ihrem Rad vom Haus der Großeltern im hessischen Eschollbrücken ins drei Kilometer entfernte Pfungstadt. Dort arbeitet sie als Sprechstundenhilfe bei Zahnarzt Dr. Wilhelm Eitmann. Und obwohl sie diese ihr ungewohnte Arbeit mag, ihr Chef freundlich zu ihr ist und die Patienten sie mögen, fürchtet sie sich doch vor jedem neuen Tag in der Praxis.

Links und rechts am Weg blühen Margeriten. Früher, als Irene noch ein kleines Mädchen war, hat ihre Großmutter die Margeriten zu Kränzen geflochten und sie ihrer Enkeltochter ins Haar gesteckt. Auch Irenes Freundinnen, die Zwillinge Emma und Gustl Roth aus dem Nachbarhaus, schmückte sie damit. Die drei Mädchen waren unzertrennlich. Doch als Irene ungefähr zehn Jahre alt war, verboten die Eltern der Zwillinge ihren Töchtern den Umgang mit Irene. Auch die anderen Kinder wollten nicht mehr mit ihr spielen. Irene tritt heftiger in die Pedale, um die düsteren Gedanken zu verscheuchen.

Kurz vor Pfungstadt muß Irene absteigen. Ein Zirkus ist über Nacht hier angekommen. Männer rangieren Wohnwagen, treiben mit schweren Vorschlaghämmern eiserne Anker tief in die Erde für das große, schmutzig-weiße Zelt, das jetzt noch als Haufen Stoff auf der Erde liegt. In einem Liegestuhl schläft unbeirrt vom Lärm ein junger Mann, unrasiert und mit zerzaustem Haar. Irene wagt einen kurzen neugierigen Blick. Ein Traktor fährt auf sie zu. »Hallo, Fräulein, hallo«, ruft der Mann von oben. Und als Irene überrascht den Kopf zu ihm dreht: »Ja, Sie, Sie kenne ich doch.«

Hastig steigt Irene auf ihr Rad, ihre Hände umkrampfen den Lenker. Da ist sie wieder, die Angst.

Irene, die Halbjüdin. Ihr nichtjüdischer Vater Hans Danner ist vor wenigen Tagen als einer von über drei Millionen Soldaten zu Hitlers Überfall auf die Sowjetunion abkommandiert worden, der am 22. Juni 1941 beginnt. Ihre Mutter Alice, die der jüdischen Zirkusdynastie Lorch entstammt, sitzt untätig zu Hause in Eschollbrücken. Irenes Eltern sind Artisten. Sie arbeiteten zuletzt beim Zirkus Jakob Busch gemeinsam am Schwungseil. Doch seit von den nationalsozialistischen Machthabern ab 1933 eine Reihe von Gesetzen erlassen wurde, die jüdischen Ärzten und Zahnärzten, Anwälten, Lehrern, Beamten, Kaufleuten, Apothekern, Musikern, Schauspielern und eben auch Artisten Berufsverbot erteilten, darf auch Alice Danner nicht mehr im Zirkus arbeiten.

Aufgeregt kommt Irene an diesem Abend nach Hause. »Der Zirkus Althoff ist in der Stadt, ich habe ihn schon gesehen!«, und fast trotzig fügt sie hinzu: »Aber ich gehe da nicht hin. Ich gehe nie mehr in den Zirkus.«

Da reagiert Großmutter Sessie Lorch richtig heftig, diese freundliche Frau, die jeder im Ort achtet, auch später noch, als eine »Polizeiverordnung über die Kennzeichnung der Juden« vom 1. September 1941 sie dazu zwingt, den sechszackigen gelben Stern mit der schwarzen Inschrift »Jude« zu tragen.

»Ihr geht da hin heute abend, du und deine Schwester«, bestimmt sie, »ihr müßt mal wieder unter Menschen und ein bißchen Spaß haben. Und dann grüßt ihr die Bentos von uns und ladet sie zum Essen ein.«

Irene Danner, die heute Bento heißt:

Ich wollte schon als Sechsjährige eine große Zirkusartistin werden. Nach der Schule machte ich mich schnell an meine Hausaufgaben. Dann rannte ich in den Hof, übte Handstand und schlug Rad, bestimmt hundert blitzschnelle Flic-Flacs hintereinander. Der Hof war gepflastert; die Straße vor unserem Haus war noch nicht asphaltiert und deswegen ein weicherer Untergrund für meine Kunststückchen. Also ging ich auf die Straße. Immer wieder einmal hielt eines der selten vorbeifahrenden Autos an, die Leute staunten über das radschlagende Kind; sie klatschten und gaben mir einen Groschen. An manchen Tagen kassierte ich sechs oder acht Groschen, die ich zu Hause in ein Holzkästchen legte.

Doch seitdem ist vieles anders geworden. Im Juni 1941 will Irene nichts mehr zu tun haben mit dem Zirkus, der ihr einst so viel bedeutet hat. Die letzte Demütigung, als man sie beim Zirkus Busch als Kunstreiterin nicht mehr haben wollte, tut noch so weh. Irene fürchtet, daß sie nie mehr in der Manege eines Zirkusses auftreten wird. Trotzdem gehorcht sie der Großmutter. Sessie Lorch hofft, daß die Freundschaft mit den Bentos auch in dieser Zeit noch Bestand hat. Artisten waren schon immer ein bißchen freier und toleranter als andere Menschen. Am frühen Abend marschiert Irene mit ihrer vier Jahre jüngeren Schwester Gerda nach Pfungstadt.

Der Zirkus Adolf Althoff strahlt nicht, wie es sich für einen richtigen Zirkus gehört, mit einem Sternenhimmel aus kleinen Glühbirnen in die hereinbrechende Dunkelheit. Wegen drohender Fliegerangriffe haben die Polizeibehörden wenige Monate nach Kriegsbeginn am 1. September 1939 für alle privaten und öffentlichen Gebäude Verdunkelung angeordnet. Doch das helle Zelt weist den Weg. Als Irene und Gerda am Kassen-Wagen ihre Billetts kaufen, steht dort ein junger Mann und starrt sie neugierig an. Dann sagt er ein bißchen zu freundlich für Irenes Geschmack: »Kommen Sie mit mir, meine Fräuleins, ich zeige Ihnen die schönsten Plätze.« Abweisend antwortet Irene: »Ich finde meinen Platz auch allein.«

Kurze Zeit später schlängelt sich der junge Mann durch die dichtbesetzten Bankreihen zu Irene und Gerda durch. »Sind Sie nicht die Enkelinnen vom alten Lorch?« flüstert er. Da kriecht in Irene die Angst hoch. Jeder weiß doch, daß die Lorchs Juden sind. »Nein, ich bin eine Danner«, sagt sie schroff. »Also doch mit den Lorchs verwandt«, lacht der junge Mann, und seine dunklen Augen strahlen sie an.

Ein Trompeten-Tusch vertreibt die trüben Gedanken des Mädchens im Zirkus. Die Vorstellung beginnt. Es wird dunkel im Zelt. Alles hält den Atem an. Dann reißen zwei junge Frauen in dunkelblauen Uniformen mit dicken goldfarbenen Knöpfen schwungvoll den roten Samtvorhang auf. Von einem einzigen Scheinwerfer angestrahlt, betritt der elegante Weißclown selbstbewußt die Manege. Sein prächtiges Gewand schillert in allen Farben des Regenbogens. Er spielt ein paar Töne auf seinem Saxophon. Ihm folgt diensteifrig, stolpernd in seinen riesigen Latschen, ein August mit einer Geige in der Hand. Das Saxophon des Weißclowns verstummt. Suchend schauen sich die beiden im Publikum um, schütteln mißbilligend die Köpfe. Und dann kommt Er! Lässig die Hände in den Hosentaschen, schlendert er auf der anderen Seite des Runds die Treppe zwischen den Zuschauerreihen hinunter, bleibt stehen, strauchelt über seine eigenen Füße und landet kopfüber auf den Sägespänen. Dabei fliegt seine Mundharmonika in hohem Bogen durch die Manege. Geschickt fängt sie der Weißclown auf. Irene muß lachen. Früher hatte sie für Clowns nie viel übrig gehabt, schon gar nicht für einen dummen August. Der war mit seinen albernen Scherzen und seinem verschmierten Gesicht unter der Würde einer gefeierten Kunstreiterin. Doch der da unten ist einfach zu komisch in seinem viel zu engen Frack mit den zu kurzen Hosen darunter, den übergroßen Schuhen, der roten Nase, der wirren Perücke, dem Kugelhut darüber und den unzähligen aufgemalten Falten um Augen und Mund. Und dann zwinkert er ihr, ausgerechnet ihr, auch noch zu, und die Falten ziehen sich zu einem dicken Strich zusammen. Gerda stößt Irene kichernd an. Gerade als das Trio endlich zu einem Ständchen ansetzen will, taucht ein Manegenarbeiter auf und überreicht dem dummen August feierlich einen Brief, den er auf einem silbernen Tablett hereinbringt. Der öffnet ihn ungeschickt, dreht ihn um, schaut hinein, schüttelt den Kopf – und fängt laut zu weinen an. Der Weißclown fragt ihn: »Was hast du denn, mein Junge?« Von Schluchzern unterbrochen, antwortet der dumme August: »Ach, ich kann doch nicht lesen.« Der Weißclown ist empört. »Was? Du kannst nicht lesen? Schämst du dich nicht? Jedes Kind kann doch lesen.« Dabei schaut er sich beifallhaschend im Publikum um. Die Kinder jubeln und klatschen. Und der dumme August heult nur noch lauter. Der August, der sich für viel klüger hält, nimmt ihm den Brief ab. Dann schaut er selbst hinein, dreht den Brief ratlos nach allen Seiten, stolpert schließlich zum Manegenarbeiter, der noch immer mit seinem Tablett dasteht: »Du, lies du den Brief vor. Ich habe meine Brille vergessen ...«

Spätestens jetzt gehört dem dummen August das Mitgefühl aller Kinder im Zirkusrund. Ein kleines Mädchen klettert über die Logenbrüstung und zupft den Weinenden am Hosenbein. Der Manegenarbeiter bringt eilends ein Leiterchen herbei. Das Mädchen steigt die Stufen hinauf – und dann wischt es dem Unglücklichen mit dem Handrücken die Tränen ab: »Bitte wein nicht mehr, ich hab' dich doch lieb.«

Am Ende der Vorstellung fragen sich Irene und

Gerda zu dem kleinen grünen Wohnwagen der Bentos durch. Der alte Bento ist gerade dabei, sich abzuschminken. Eine gräulich-rote Schmiere bedeckt sein Gesicht. Er freut sich über die Grüße der Lorchs, holt eine Limonadenflasche hinter dem Vorhang hervor, wo Irene die Küche vermutet, dazu zwei Gläser, die deutlich die Abdrücke seiner Finger zeigen. Plötzlich fliegt die Tür auf, und da steht der freche junge Mann, der ihr den schönsten Platz zeigen wollte. Irene möchte vor Scham im Boden versinken. Doch er lacht sie an. »Ich bin der Sohn von José Bento«, stellt er sich vor. »Und ich habe Sie vorhin als August zum Lachen gebracht. Jawohl, ich habe es ganz genau gesehen.« Irene schaut ihm zögernd, vorsichtig in die Augen. Liebe Augen, denkt sie. Es ist derselbe junge Mann, der am Morgen im Liegestuhl geschlafen hat. Doch dann fällt ihr ein, daß sie eine Jüdin ist. Sie glaubt inzwischen fast selbst, daß Juden Menschen dritter Klasse sind. Und sie schämt sich.

Peter Bento:

Ich habe mich sofort in sie verliebt. Jeder, aber auch jeder, drehte sich nach diesem süßen Mädchen um. Alles an ihr gefiel mir. Die Figur, die Haare, die Augen. Mir gefiel natürlich auch, daß sie eine von den berühmten Lorchs war, deren ikarische Künste wir sehr bewunderten. Und daß wir wahrscheinlich schon als Kinder beim Zirkus Sarrasani in Südamerika miteinander gespielt hatten. Aber daran konnten wir uns beide nicht erinnern. Ich wußte, daß sie eine jüdische Mutter hatte. Juden sind für mich ganz besondere Menschen. Die besten Freunde unserer Familie waren Juden. Sie haben mich wie ihren eigenen Sohn aufgenommen, wenn die Eltern mit dem Zirkus unterwegs waren.

Peter Bento hat Irene und ihre Schwester Gerda nach Hause begleitet. Während sie vor dem Schlafengehen ihr Haar bürstet, träumt sie von Peters dunklen Augen. In dieser Nacht kann sie lange nicht einschlafen. Nie zuvor hat ein Junge sie so angeschaut. Dabei ist auch er erst achtzehn, doch auf sie wirkt er schon wie ein erwachsener Mann. Bislang hatte sie noch keine Gelegenheit gehabt, einen Jungen kennenzulernen, sich zu verlieben wie andere Mädchen in ihrem Alter. Auf dem Schulhof und Sportplatz, wo sich die Jugend von Eschollbrücken nach der Schule trifft, in der Turnhalle, in der die Älteren tanzen, im einzigen Kino, dem »Saalbau« in Pfungstadt, ist sie unerwünscht. Und die jungen Männer im Ort machen einen Bogen um sie, schauen ihr höchstens verstohlen hinterher.

✦

Irene kam am 28. Januar 1923 zur Welt, in Lüttich, in einer billigen Pension. Keine Hebamme war dabei, kein Arzt. Außer ihrem Vater Hans Danner half niemand der jungen Mutter Alice Lorch bei der Geburt. Doch das Kind wollte leben. Alice, eine exotisch wirkende Schönheit mit onduliertem Pagenkopf und einer einzelnen kecken Locke auf der Stirn, arbeitete damals bei der Truppe ihres Vaters Julius Lorch. Die Lorchs waren Ikarier, fliegende Menschen, genossen schon um die Jahrhundertwende als »Lorch-Familie« in Zirkuskreisen hohes Ansehen. Ihr Ruf reichte bis nach China und Amerika.

Die Artistenfamilie Lorch stammte aus dem badischen Lörrach. Schon im ausgehenden 18. Jahrhundert ging sie »auf Reisen«, wie man beim Zirkus sagt. Mit ihren von Pferden gezogenen Wagen und dem ganzen Tross von Tier und Mensch besuchten sie die Märkte und Dörfer zwischen Schwarzwald und Vogesen, zwischen Odenwald und Pfälzer Wald, zeigten ihre Pferdedressuren, ihre waghalsigen Kunststücke auf dem Hochseil, ihre Zaubereien und Possen. Obwohl sie als Fahrende nur zu oft von Gendarmen verfolgt wurden und ihnen die eingesessenen Bürger mit Mißtrauen und Verachtung begegneten, übten sie doch auf die Menschen einen geheimnisvollen Zauber aus.

1873 übergab der wandernde Gaukler Heinrich Lorch seinen Söhnen Adolph und Louis einen Zirkus mit geschlossenem Zelt, damals noch eine Novität – die Mehrzahl der Artistenfamilien traten in offenen Arenen unter freiem Himmel auf, waren, wie auch ihre Besucher, den Launen des Wetters ausgesetzt. Mit ihrem Zirkus wagten die Brüder 1884 zum ersten Mal den Sprung in die Reichshauptstadt Berlin. Später wurde der Zirkus Lorch in ganz Europa und Amerika zum Begriff für deutsche Zirkustradition. Um 1900 gründete Louis Lorch seine erste Ikarier-Truppe. Sein Sohn Julius, Irenes Großvater, wurde der König aller Ikarier:

Die Lorchs sind die berühmteste Ikarier-Truppe. Sie kommen, elf Mann, hintereinander der Größe nach, in spanischen Torerokostümen auf die Bühne gelaufen, beginnen mit einem Wirbel von Pirouetten, Saltos, Flicflacs, dann legen sich die drei »Werfer« rücklings auf die rotsamtenen Nudelkissen, und über ihre hochgestreckten Beine werden die drei Kleinen in schnellsten Passagen von Fuß zu Fuß geworfen. Das ist »ikarisch«: mit den Beinen einen Menschen hochwerfen, daß er sich im Salto dreht, und ihn dann wieder auffangen. Dieser Salto kann »Double« und sogar »Triple« sein. Julius Lorch kann seinen Jungen dreimal hintereinander Double schmeißen.

(Aus »Die große Nummer« von A. H. Kober, Ullstein Verlag, Berlin)

Nach dem Ersten Weltkrieg hatte Louis Lorch seinem ältesten Sohn Julius die Leitung der Truppe übergeben, reiste aber bis zu seinem Tod mit dem Zirkus mit. Am 14. Juli 1924 feierte er mit seiner Frau Johanna in Buenos Aires goldene Hochzeit. Kurze Zeit später, am 9. Oktober desselben Jahres, starb Louis Lorch 78jährig. Seine Asche, so hatte er es sich auf dem Sterbebett gewünscht, wurde im Radkasten des Wohnwagens in einer Urne mitgeführt und später auf dem jüdischen Friedhof in Darmstadt beigesetzt. Dort steht noch heute sein schlichter Grabstein, dessen goldene Inschrift »Louis Lorch 1847 – 1924« ihren Glanz verloren hat.

Wie ein federleichter Ball flog Alice, die schöne Tochter von Julius Lorch, jeden Abend durch die Manege, selbst noch wenige Tage vor der Geburt ihres Kindes. Keiner hatte bemerkt, daß sie schwanger war. Ihr Vater Julius, der strenge Chef der Lorch-Truppe, hätte seine Tochter niemals dem unbedeutenden Lehrling Danner zur Frau gegeben, der dazu noch nicht einmal aus einer Artistenfamilie stammte. Denn gerade weil Artisten als leichtlebiges fahrendes Volk gelten, fühlen sie sich der herrschenden Moral besonders verpflichtet. Deswegen mußten die jungen Eltern die Truppe verlassen, als ihre »Schande« wenige Tage alt war. Trennen sollten sie sich, das Kind weggeben, so bestimmte Julius Lorch, der meinte, auf diese Weise die Ehre seiner Familie schützen zu müssen. Alice Lorch, Hans Danner und ihre kleine Tochter Irene fanden jedoch Unterschlupf bei Alices Mutter Sessie in Eschollbrücken. Erst 1925 durften sie heiraten. Vier Jahre später kam Irenes Schwester Gerda zur Welt.

Als Irene ein knappes Jahr alt war, reiste sie mit den Eltern – Vater Hans Danner arbeitete inzwischen am Schwungseil, Mutter Alice tanzte im Zirkusballett – auf dem Schiff nach Südamerika. Die Eltern hatten ein Engagement bei Sarrasani.

Dieser legendäre deutsche Zirkus, damals der größte

und modernste Europas, verdankt seinen Phantasienamen seinem Gründer Hans Stosch aus Posen, der seinem bürgerlichen Elternhaus und seiner Kaufmannslehre entfloh, um sich seinen Traum zu erfüllen. Beim fahrenden Volk wurde aus dem Bürgersohn der Clown Sarrasani, der um 1900 in Radebeul bei Dresden seinen eigenen Zirkus gründete. Bei Sarrasani muß die kleine Irene dem gleichaltrigen Peter zum erstenmal begegnet sein. Vielleicht haben sie sogar zusammen gespielt. Jedenfalls stammt aus jener Zeit die Freundschaft zwischen den Lorchs und den Bentos. Zwei Jahre dauerte die Südamerika-Reise, dann kehrte die Familie Lorch zurück nach Deutschland, und die jetzt dreijährige Irene wohnte wieder in Eschollbrükken bei ihrer Großmutter. Sessie Lorch, die aus einer jüdischen Beamtenfamilie stammte, war als junge Frau mit dem Zirkus gereist. Doch später hat sie ihre Kinder und Enkelinnen zu Hause betreut. Dann war die ganze Familie nur in der Winterpause zusammen.

✦

Den größten Teil ihrer Kindheit verbrachte Irene in dem Haus, das ihre Urgroßeltern um die Jahrhundertwende erbaut hatten.

In Eschollbrücken, einer Landgemeinde bei Darmstadt mit damals 300 Einwohnern, hatten sich die Lorchs schon um 1870 niedergelassen, dort ihr Winterquartier errichtet. Sie waren geachtet im Ort, schließlich gaben sie in ihrem Zirkus und ihren Werkstätten vielen Menschen Arbeit. Der Weg, der an ihrem Haus vorbeiführte, war als »Lorche Gass'« jedem Bürger von Escholbrücken bekannt. Später, unter dem Einfluß des Nazi-Regimes, wurde sie in Pfungstädter Straße umbenannt. So heißt sie noch heute.

Irenes Großeltern wohnten im oberen Stock des Lorch-Hauses. Es gab noch keine Elektrizität und kein fließendes Wasser. Irene mochte das behagliche Licht, das die Petroleumlampe verbreitete, und den Geruch des Petroleums. Man mußte ganz dicht in ihren Schein rücken, um lesen oder sticken zu können. Die Großmutter pumpte das Wasser zum Waschen und Kochen aus dem Brunnen hinter dem Haus und schleppte die schweren Eimer ohne ein Wort des Jammerns über vier Treppen nach oben, wenn die restlichen Familienmitglieder bis weit in den Winter hinein durch Deutschland reisten.

Irene hing sehr an ihrer Großmutter. Von ihr lernte sie nähen, stricken und sticken. Als Kind saß sie auf einem Fußbänkchen direkt neben dem warmen Ofen und lauschte den Märchen, die ihr die Großmutter erzählte, oder den Operettenliedern, die sie sang. Wenn Irene später im Radio Lieder hörte wie »Ach ich hab' sie ja nur auf die Schulter geküßt« oder »Dein ist mein ganzes Herz«, fühlte sie sich immer für einen kurzen Augenblick in die Geborgenheit ihrer frühen Kindheitsjahre zurückversetzt.

Solange die Großeltern noch lebten, wurden die

jüdischen Traditionen in Ehren gehalten. An jeden Türpfosten im Haus war eine kleine Blechkapsel, die Mesusa, genagelt, in deren Innerem sich ein gerollter Pergamentstreifen befand mit den Worten aus dem fünften Buch Moses, wo es heißt: »Höre, Israel, der Herr ist unser Gott, der Herr allein. Und du sollst den Herrn, deinen Gott, liebhaben von ganzem Herzen, von ganzer Seele und mit aller deiner Kraft. Und diese Worte, die ich dir heute gebiete, sollst du zu Herzen nehmen und sollst sie deinen Kindern einschärfen und davon reden, wenn du in deinem Haus sitzt oder unterwegs bist, wenn du dich niederlegst oder aufstehst. Und du sollst sie binden zum Zeichen auf deine Hand, und sie sollen dir ein Merkzeichen zwischen deinen Augen sein. Und du sollst sie schreiben auf die Pfosten deines Hauses und an die Tore.«

Als die Nazis später das Lorch-Haus ihren Besitzern raubten, überstrichen die neuen Bewohner ahnungslos die kleinen Blechgehäuse. Sie abzureißen wäre zu mühsam gewesen. So blieb das Haus gesegnet, auch in schlimmen Zeiten.

Am Sabbat, der Freitagabend bei Sonnenuntergang beginnt, wurde wie in jeder jüdischen Familie nicht gearbeitet – nicht genäht, nicht gewaschen und nicht geputzt. Nur die Kinder mußten ihre Hausaufgaben machen, denn am Samstag war Schule.

Der Großvater segnete seine beiden Enkelinnen. Die Großmutter backte die Challoth, das weiße Sabbatbrot, drei kunstvoll miteinander verflochtene

Teigzöpfe, die sie mit Eiweiß bepinselte und mit Mohn bestreute, bevor sie sie in den Ofen schob. Die Kerzen in den alten, silbernen Sabbatleuchtern wurden angezündet. Der Großvater ging an jedem Sabbat in die Synagoge nach Pfungstadt. In der »Reichskristallnacht« am 9. November 1938, als die Synagogen in Deutschland in Flammen aufgingen, wurde auch sie geplündert und geschändet, ihr Vorbeter aus dem Fenster geworfen.

Der Großvater war ein starker Raucher. Trotzdem drückte er am Sabbatabend seinen letzten Zigarillo aus, und erst vierundzwanzig Stunden später, wenn die untergehende Sonne den Sabbat beendete, zündete er einen neuen an.

Wenn Julius Lorch zu Hause war, mußte seine Frau Sessie nach jüdischem Brauch kochen. Irene radelte dann ins vier Kilometer entfernte Crumstadt zum Metzger Morgenthau, um koscheres Fleisch einzukaufen.

Irene Bento:

Wenn Großmutter in der Küche werkelte, band sie sich eine Schürze über ihr langes, elegantes Kleid. Ich erinnere mich besonders an ein Kleid aus dunkelblauem Ripsstoff, das rings um den Ausschnitt mit bunten Blumen aus winzigen Perlen bestickt war. Großmutter achtete bis zuletzt auf ihr Äußeres. Sie trug auch immer ein Korsett. Es war zum Schluß vielfach geflickt und gestopft. Großmutter konnte sich kein neues mehr kaufen, es gab ja kaum noch etwas. Und Juden bekamen, wenn überhaupt, nur noch das, was die anderen übrigließen. Sogar unsere Schuhe mußten wir selbst reparieren.

Irenes Großmutter war eine warmherzige Frau mit schönen grau-braunen Augen und dichtem, grauem Haar. Ihr Großvater, der mehrmals täglich seinen weißen Kragen wechselte, stets einen Maßanzug trug und Gamaschen über den Stiefeln, war dagegen die Strenge in Person. Wenn die Enkelinnen aus der Schule kamen, mußten sie zuerst ihre Hausaufgaben machen, dann hieß es für Irene Geige üben und anschließend mit den Artisten proben. Bei Tisch mußte sie aufrecht wie ein Birkenstamm sitzen. Und bevor nicht jeder sein Stück Brot gegessen und Gott gedankt hatte, durften Großmutters köstliche Gerichte nicht angerührt werden. Auch achtete Großvater darauf, daß ihre Schuhe stets glänzten und die Fingernägel sauber waren. Vor allem beim Gebet.

Irene Bento:

Meine Schwester Gerda konnte nie ernst bleiben, wenn Opa uns segnete. Sie kicherte und gluckste und steckte mich an. Einmal machten wir in der Küche unseren Opa nach. Wir nickten mit dem Kopf und murmelten irgendwelche Gebetsfetzen, die wir von ihm aufgeschnappt hatten, aber nicht verstanden. In diesem Moment kam er zur Tür herein. Da setzte es aber Backpfeifen! In diesem Punkt verstand er keinen Spaß.

Ab 1929 besuchte Irene die Schule in Eschollbrücken, die im Rathaus untergebracht war, in zwei Räumen, mit jeweils vier Klassen.

Irene Bento:

Ich ging gern in die Schule, denn ich hatte da viele Freunde. Das lag vor allem an Opa Julius, dem verehrten Zirkusdirektor Lorch. Im Frühjahr, bevor der Zirkus auf Saison ging, durfte ich alle meine Klassenkameraden auf unseren Hof einladen. Da war ein Kasperltheater aufgebaut, und Opa ließ die Puppen tanzen. Für alle Kinder gab es Limonade und Bonbons. Und dann kam der Höhepunkt des Festes: Opas ikarisches Kunststück. Dazu legte er sich in sein Stützkissen, streckte die Beine nach oben und balancierte auf seinen Fußsohlen ein langes, schmales Brett. Auf jedes Ende setzten sich zwei Kinder. Mit seinen Beinen drehte Opa das Brett wie ein Karussell. Die Kinder jauchzten, und alle wollten meine Freunde sein, damit sie beim nächsten Mal wieder dabeisein durften.

Aber es gab kein nächstes Mal.

✦

Irene Bento:

Es war 1930. Ich war sieben Jahre alt. Unser Zirkus gastierte in Groß-Gerau. Da ich schulfrei hatte und es nicht weit war, durfte ich mit zur Vorstellung. Ich saß vorne in der Loge, der Zirkus war wie immer voller Menschen. Doch plötzlich trat mein Großvater mit bekümmertem Gesicht in die Manege und sagte die Vorstellung ab, weil ihm Musiker, Requisiteure und andere Arbeiter weggelaufen waren. Damals verstand ich noch nicht, daß dies der Beginn einer Hetze war, die bald alle Juden treffen sollte.

Das Klima, in dem die Juden als Feinde des Staates und Parasiten galten, war zu diesem Zeitpunkt längst vorbereitet. Die Deutsche Arbeiterpartei, die nach dem Ersten Weltkrieg gegründet und im März 1920 in Nationalsozialistische Deutsche Arbeiterpartei (NSDAP) umbenannt wurde, befaßte sich in ihrem Programm bereits mit den Juden. Darin hieß es: »Staatsbürger kann nur sein, wer Volksgenosse ist. Volksgenosse kann nur sein, wer deutschen Blutes ist, ohne Rücksichtnahme auf Konfession. Kein Jude kann daher Volksgenosse sein.«

Adolf Hitler trat der Partei 1920 bei und übernahm 1921 ihren Vorsitz. Die Mitgliederzahl wuchs rasch an, begünstigt durch die Weltwirtschaftskrise und ihre Auswirkungen auf Deutschland. Millionen wurden arbeitslos. Die zunächst noch versteckte Hetze gegen jüdische Mitbürger wurde immer offener und aggressiver. »Die Juden sind an allem schuld«, behaupteten die Wortführer von der rechten Front. Immer mehr jüdischen Firmen drohte die Schließung.

Am 13. September 1930 war im »Pfungstädter Anzeiger« folgende Nachricht zu lesen: »Zirkus Lorch in Konkurs. Wie amtlich mitgeteilt wird, ist über das

Vermögen des Zirkus Lorch in Eschollbrücken das Konkursverfahren eröffnet worden. Konkursverwalter ist Rechtsanwalt Dr. Neuroth, Darmstadt.«

Ob am Ende des Zirkus Lorch nun die verstärkte antisemitische Agitation der Nazis in NS-Kampfblättern wie dem in Darmstadt herausgegebenen »Hessenhammer« schuld war oder die tiefe Wirtschaftskrise in Deutschland – gegen beides konnten auch Sensationsnummern wie die von Irenes Vater Hans Danner nicht mehr helfen, der sich todesmutig mit einem Höllenspektakel aus Qualm und Getöse aus einer Riesenkanone 20 Meter weit durch die Luft schießen ließ.

✦

Für Irene änderte sich zunächst nichts. Die Lorch-Artisten waren während der Saison weiter auf Reisen, wenn auch nicht mehr mit dem eigenen Zirkus. Im späten Herbst kehrten sie wie immer in ihr Winterquartier zurück. Die Erwachsenen versuchten, ihre zunehmenden Sorgen vor den Kindern zu verbergen. Daß immer seltener Fleisch auf den Tisch kam, bemerkten die Mädchen kaum. Es gab Wichtigeres für sie. Zum Beispiel den Turnunterricht in der Schule. Mit ihrem gelenkigen Körper war Irene ihren Mitschülern weit überlegen.

Beim Jugendturnfest 1934 bekam sie für ihre herausragenden Leistungen im Völkerball, Handball, Wettrennen, Sackhüpfen und Balkenlaufen sogar eine Urkunde, die von Baldur von Schirach, dem neuernannten Jugendführer des Deutschen Reiches, unterzeichnet war.

✦

Doch ganz allmählich zerbröckelte Irenes heile Kinderwelt.

Irene Bento:

Am Anfang habe ich es gar nicht gemerkt. Ich war nur so traurig, als sie mich nicht bei den Jungmädeln aufnehmen wollten. Bis dann Hetzlieder aufkamen wie »Deutschland erwache und Juda verrecke«. Bei »Juda verrecke« zeigten die Kinder auf mich. Der Lehrer Herbert war der schlimmste. Er hetzte meine Mitschüler gegen mich auf. Und er verbot mir, im Kinderchor der evangelischen Kirche mitzusingen. Als nächstes wurde ich vom Turnunterricht ausgeschlossen. Meine Freundinnen Emma und Gustl Roth wollten plötzlich nicht mehr mit mir spielen. Die Frau Becker, auf deren Kinder ich manchmal am Nachmittag aufgepaßt hatte, ließ mich nicht mehr in ihre Wohnung. Ich rannte nach Hause, zu meiner Großmutter: »Omi, was habe ich getan? Warum? Was ist denn passiert?« Doch sie gab mir keine Erklärung. Auch von meinen Eltern erfuhr ich nichts, sie waren ja nie da.

In der Schule lachten die Kinder mich aus, »Judde stinke«. Zu Hause habe ich mich ausgezogen und meine Kleider gewaschen. Ich habe mich eingeseift. Ich habe meine Zähne geputzt, habe immerzu Pfefferminz gelutscht. Doch es half alles nichts. Ich stank, und ich schämte mich, so eine »Judd« zu sein.

Aber was dann mit unseren Hündchen passierte, war noch viel, viel schlimmer. Oma Sessie hatte einen braunen Spitz mit Namen Teddy. Mein Hund hieß Nuggy, er war mir eines Morgens auf dem Weg zur Schule zugelaufen. Da hatte ich auf der anderen Straßenseite ein dunkles Knäuel gesehen, das ganz jämmerlich kläffte. Ich ging hin und streichelte dem kleinen Hund vorsichtig übers Köpfchen. Mit seinen Pfoten klammerte er sich an mich. Aber ich mußte ja in die Schule. Da lief er mir nach bis zum Schultor. Als ich Stunden später wieder herauskam, saß er immer noch da und lief wieder hinter mir her. »Tu das Hundchen rein«, sagte Oma, »hinterherlaufen bringt Unglück.« Nuggy durfte bei mir bleiben, und ich hatte ihn sehr lieb.

Doch dann, eines Tages, klingelte der Förster von Eschollbrücken an unserer Tür. Barsch sagte er: »Judde dürfe keine Hunde halten.« Er packte unsere beiden Tierchen, die schwanzwedelnd neben der Oma standen, am Genick und brachte sie weg. Auf der Abfallkippe in der Nähe unseres Hauses, wo heute ein Kinderhort steht, hat er sie erschossen. Erst später habe ich begriffen, warum wir keine Haustiere halten durften: weil sie uns selbst für Tiere hielten!

✦

Ein wenig Trost fand Irene zu Hause beim Geigenunterricht. Zweimal in der Woche, in den Jahren zwischen 1933 und 1936, radelte Geigenlehrer Adam

Weingärtner von Pfungstadt ins Lorchsche Haus. Irene und ihre Großmutter wunderten sich, daß er immer häufiger erst am Abend kam, wenn es schon dunkel war. Eines Abends erschien er völlig aufgelöst; seine Jacke war zerrissen, er blutete aus der Nase und brachte kaum ein Wort heraus: »Ach Gott, Frau Lorch, Frau Lorch, ich kann leider nicht mehr kommen. Die haben mir am Ortseingang aufgelauert, haben mich verprügelt und mir gedroht, wenn ich weiter in das Judenhaus gehe, passiere etwas Schlimmes mit mir.«

Sessie Lorch versuchte, ihr Entsetzen vor der Enkelin zu verbergen. Doch es gelang ihr nicht ganz. Die täglichen Demütigungen in der Schule hatten Irene übersensibel gemacht. Daß nun auch der Geigenunterricht nicht mehr stattfand, war nur eine weitere Verletzung. Das fröhliche und naive Kind gab es nicht mehr. Irene spürte, daß die Großmutter sie nicht mehr trösten konnte, weil sie selbst zutiefst verunsichert war. Eines Tages, als sie mit der Großmutter über die Straße gehen wollte, stellte sich eine Nachbarin drohend vor sie. »Du«, sagte sie zu Sessie Lorch, »du mußt aufpassen. Du bist auch bald dran.« Und Sessie Lorch antwortete: »Ich doch nicht. Ich habe doch keinem etwas getan.«

Nach dem Konkurs des Zirkus Lorch trat die Ikarier-Truppe mit ihrem Chef Julius Lorch in anderen deutschen Zirkusunternehmen und in Varietés auf. Doch allmählich drang die Judenhetze auch zu den so toleranten Artisten durch und vergiftete die Atmosphäre. Im Frühjahr 1933 saßen die Lorch-Artisten zum ersten Mal untätig zu Hause. Sie hatten kein Engagement gefunden.

✦

Der 1. Mai, von den Nationalsozialisten zum Feiertag ausgerufen, um die Arbeiter stärker für ihr System zu gewinnen, wurde auch in Eschollbrücken mit einem Festzug über die Dorfstraße begangen. Die 18 Mann starke SA marschierte in Dreierreihen voran, dahinter folgte der Spielmannszug des Turnvereins. Hakenkreuzwimpel und die schwarz-weiß-rote Fahne des Kaiserreichs wurden gehißt, die Bürger schmückten ihre Häuser mit frischen Birkenreisern.

Natürlich wollte auch Julius Lorch, der sich als guter Deutscher fühlte, nicht zurückstehen.

Irene Bento:

Mein Opa schmückte unser Haus mit Girlanden und Wimpeln. Ich durfte ihm dabei helfen. Da bauten sich plötzlich zwei Männer in Uniform vor uns auf und brüllten: »Weg mit dem Zeug, weg damit!« Und als Opa fragte: »Ja, warum denn?«, schimpften sie um so lauter: »Weg, weg, weg damit, du Saujudd. Und verschwindet endlich von der Straße. Wer vors Tor geht, wird erschossen.« Während wir den Schmuck so schnell wir konnten entfernten, beobachteten sie uns von der anderen Straßenseite aus. Da habe ich meinen Großvater zum ersten Mal weinen sehen. Die Tränen liefen ihm über das

Gesicht, ganz naß war es, und er wiederholte ein ums andere Mal: »Warum Kind, warum ist das nur so eine böse Zeit?«

✦

Mit 13 Jahren besuchte Irene noch immer die Volksschule von Escholbrücken. Kein Mitschüler wollte mehr neben ihr sitzen. Kaum einer, beeinflußt durch Elternhaus und Lehrer, sprach noch mit ihr. Die wenigen anderen taten es heimlich, aus Angst vor Strafe.

Und dann kam es sogar zu tätlichen Angriffen. Als Irene eines Tages laut weinend und aus einer Stirnwunde blutend nach Hause kam, wurde es der Großmutter zuviel. »Ihr geht nicht mehr in die Schule, du und Gerda«, befahl sie. Damit war sie den grausamen Gesetzen gegen die Juden, die sich immer mehr auf alle Bereiche ihres Lebens ausweiteten, nur ein wenig zuvorgekommen. 1938 trat ein weiteres in Kraft, das den wenigen noch verbliebenen jüdischen Kindern und den sogenannten Mischlingen 1. Grades, zu denen Irene und Gerda gerechnet wurden, den Besuch öffentlicher Schulen verbot.

An ihren letzten Schultag kann sich Irene nicht mehr erinnern. Da sie dort keine Freunde mehr hatte, war sie eher erleichtert, daß sie nicht mehr zur Schule mußte. Doch immer mehr fühlte sie sich als Ausgestoßene. Angst war ihre ständige Begleiterin.

Jetzt blieb Irene nur noch der Ballett-Unterricht, den sie zusammen mit ihrer Schwester im Deutschen

Theater in Darmstadt besuchen durfte, weil Privatschulen von Eingriffen der NS-Behörden bisher verschont geblieben waren.

Irene Bento:

Eines Tages kamen, zusammen mit der Direktorin, zwei Männer in unsere Ballettstunde. Sie trugen lange schwarze Ledermäntel und hatten ihre Hüte tief in die Stirn gezogen, so als wollten sie ihre Gedanken verbergen. Ich ahnte sofort, daß der Besuch mir galt. Sie holten mich nach draußen, wo schon meine Schwester stand. Sie sagten ganz barsch: »Juden haben hier nichts verloren. Geht sofort nach Hause.« Ich schlang die Arme und meine schluchzende Schwester und weinte, wie ich noch nie zuvor geweint hatte. Diese Empfindungen von Scham, von Angst und Demütigung haben mich nie wieder ganz verlassen. Noch heute habe ich Alpträume, und sie werden im Alter noch schrecklicher und bedrohlicher.

Ich laufe meinem Hund nach, immer weiter, immer weiter. Doch der Boden unter mir wird weicher, immer weicher. Schließlich versinke ich in einem stinkenden Sumpf. Als nur noch mein Kopf herausschaut, schreie ich um Hilfe. In dem Moment weckt mich mein Mann auf: »Du hast schon wieder geschrieen«, sagt er.

Oder ich sehe meinen Großvater wieder. Er steht ganz oben auf einem hohen Berg aus Sand und Geröll und ruft: »Irene, Irene. Komm zu mir.« Ich will hinauf zu ihm, doch der Sand rutscht unter meinen Füßen ab. Aber schließlich komme ich doch vorwärts. Gerade als er meine Hand fassen will, rutsche ich ganz hinunter. Und wache auf.

Nach solchen Träumen muß ich aufstehen und eine Zigarette rauchen. Einschlafen kann ich dann nicht mehr.

✦

Irene war nun 13 Jahre alt. Ein junges Mädchen auf der Schwelle zum Erwachsenwerden. Doch was konnte ihr die Zukunft schon bieten? Sie war abgeschnitten von allem, wovon sie geträumt hatte und immer weniger zu träumen wagte. Sie war gezwungen zu einem Leben, das sich kein Ziel vornehmen durfte. Trotzdem übte sie in den Wintermonaten Spitze und Pas de deux und wünschte sich so sehr, wenigstens als Ballerina von ihren Mitmenschen geliebt zu werden. Während der Saison von Frühling bis Herbst begleitete sie zum ersten Mal ihre Eltern, die beim Zirkus Jakob Busch engagiert waren. Ihr Vater arbeitete dort am Schwungseil, ihre Mutter reichte ihm als Assistentin im knappen Flitterkostüm das Seil, bangte mit dem Publikum, wenn er 34 Meter hoch oben unterm Chapiteau waghalsige Kunststücke vollführte und unten ihn kein Netz hätte auffangen können.

Irene übte jeden Morgen Ballett, verbesserte ihre Handstände und Luftsprünge. Der Zirkus reiste durch Deutschland und Italien. Doch die Grenze zu Polen durfte Irenes jüdische Mutter nicht mehr überqueren. Ihr war inzwischen von der Reichstheaterkammer Berufsverbot erteilt worden. Und obwohl der gutmütige Direktor Jakob Busch, den alle Artisten »Onkel

Busch« nannten, ihretwegen extra nach Berlin gereist war, blieb es beim Nein der Nazi-Behörde. Alice Danner mußte zurück nach Eschollbrücken, während ihre Töchter Irene und Gerda zunächst noch beim Vater im Zirkus blieben.

Bei Busch heimsten die »Carolis«, eine weltberühmte Kunstreiter-Familie aus Italien, besonders viel Beifall ein. Damals bestand sie aus den Brüdern Enrico, Ernesto und Francesco. Enrico Caroli, der älteste, war mit seinem doppelten Salto mortale von einem Pferd zum anderen die Sensation jeder Vorstellung. Den Brüdern fiel die junge Irene auf, die ganz allein in der Manege übte. »Wenn du dir zutraust, auch auf einem Pferd so zu springen, dann kannst du bei uns mitmachen«, bot Enrico Caroli Irene an. Und ob sie wollte! Innerhalb weniger Tage sprang sie vom Boden aufs Pferd und von einem Pferd aufs andere, als habe sie das ein Leben lang getan.

Fast drei Jahre, in der Zeit zwischen 1936 und 1939, verstärkte Irene das Männerteam der Carolis.

Die zierliche Kunstreiterin eroberte die Herzen des Publikums im Sturm.

✦

Irene Bento:

Als Zirkusartistin kannst du einfach alles. Wenn man akrobatisch springt, lernt man auch Jockey-Reiten ganz schnell. Ich durfte also mit den Carolis im Zirkus Busch arbei-

ten. In den Wintermonaten gingen wir zum Engagement nach Berlin in Varietés wie »Plaza«, »Wintergarten« oder »Scala«. Auch in verschiedenen anderen Städten traten wir auf. Ich arbeitete schwer, neben meiner Tätigkeit in der Manege mußte ich für alle kochen. Ich war schließlich am Anfang meines Engagements erst vierzehn Jahre alt und das »Lehrmädel«. In dieser Zeit habe ich mich besonders mit Francesco Caroli angefreundet. Er ist mir noch heute wie ein Bruder. Hier, in dieser Familie, fühlte ich mich sicherer, die Schrecken von draußen drangen nicht in unsere Gemeinschaft. Zirkusartisten ist es egal, welche Hautfarbe, welche Nationalität oder welchen Glauben ein Mensch hat. Hauptsache, er kann zupacken. Doch da war dieser Requisiteur. Seine Nase – so schien es mir damals – war noch größer und häßlicher als jede jüdische Hakennase in der Nazi-Propaganda, wie sie uns von Plakaten oder aus Zeitungen entgegensprangen. Außerdem hatte er einen Buckel. Ich spürte, daß er mich nicht mochte, wenn er mich verächtlich mit zusammengekniffenen Augen anschaute. Nach meinem Gefühl war er es, der mich verraten hatte. Denn eines Tages sagten mir die Carolis, es täte ihnen sehr leid, sie dürften nun nicht mehr mit mir zusammen auftreten, das sei eine Anordnung aus Berlin.

Aus dem Kunstreiter Francesco Caroli wurde später ein Weißclown. Nicht ganz aus freien Stücken. Im November 1939, als Irene bereits nicht mehr bei ihnen war, gastierten die Carolis mit dem Zirkus Jakob Busch im Blumenfeld-Gebäude in Magdeburg. Da immer häufiger Artisten ausfielen, weil sie nicht mehr nach

Deutschland einreisen durften oder wollten, waren die Carolis schon bei allen möglichen Nummern, ob auf dem Trapez oder dem Schleuderbrett, eingesprungen. Eines Tages kam Direktor Busch zu ihnen: »Jungs, diesmal wird es schwieriger: Die Clowns sind nicht gekommen. Jetzt seid ihr dran.« Keiner der drei wollte den Weißclown spielen, obwohl der doch so majestätisch aussieht in seinem prächtigen Gewand. Aber ihr Vater, der immer noch der Chef war, obwohl er nicht mehr auftrat, zeigte mit dem Finger auf seinen Jüngsten: »Du bist der größte, du kannst am besten reden, du machst den Weißen.« Da nutzte kein Widerspruch, obwohl er sich viel zu jung für diese Respektsperson fühlte. Francesco mußte sich sein Oberlippenbärtchen abrasieren, auf das er mit seinen 17 Jahren doch so stolz war. Heute, hoch in den Siebzigern, tritt er immer noch mit kalkweiß geschminktem Gesicht und blutroten Ohren im Circus Roncalli auf. Er ist der letzte aus der Garde der großen Weißclowns. Sie bilden mit ihrem vornehmen Habitus beim Entrée der Clowns einen wirksamen Gegensatz zu den dummen Augusten.

Francesco Caroli erinnert sich:

Wir alle waren ein bißchen verliebt in Irene. Sie war so hübsch, so zart und bescheiden. Sie wurde unsere kleine Schwester. Wir drei Brüder traten als Kunstreiter mit vier Pferden auf, sehr vornehm im Frack. Wir waren damals die Lieblinge des Publikums, so wie heute die Fußballstars oder die Popsänger. Dann bauten wir unsere Nummer aus, zwei weitere Artisten und Irene kamen dazu. Besonders viel Applaus gab es, wenn wir auf den Pferden stehend eine Pyramide bildeten und Irene ganz oben auf die Spitze kletterte und dort einen Handstand machte.

Sie hatte überhaupt keine Angst. Mut und Herz sind für unseren Beruf das Wichtigste. Ohne Herz geht es nicht. Irene war eine echte Artistin, und ich wurde ihr Beschützer. Niemand durfte ihr zu nahe kommen. Ich selbst wußte damals noch nicht so genau, was es bedeutete, eine Jüdin oder Halbjüdin zu sein. Ich war sechzehn. Meine älteren Brüder könnten sich sicher besser erinnern, aber sie sind inzwischen beide tot. Ich weiß nur, daß ein Schreiben kam aus Berlin von der Reichstheaterkammer, in dem man uns aufforderte, Irene zu entlassen. Unser Direktor Busch regte sich schrecklich auf, denn auch er hatte Irene in sein Herz geschlossen. Aber er konnte wohl nichts machen. Mein Bruder Enrico hat mit ihr gesprochen. An den buckligen Requisiteur kann ich mich nicht erinnern. Aber in einem großen Zirkus laufen immer viele Gestalten herum, die man nicht so genau kennt. Und später habe ich auch erfahren, daß Spitzel von den Nazis gezielt eingesetzt wurden, um Juden aufzuspüren. Irene weinte, als sie ging.

Noch einmal haben wir Irene gesehen, bei einem Gastspiel in Brüssel. Danach verloren wir sie aus den Augen, sahen sie erst nach dem Krieg wieder.

✦

So glücklich war Irene gewesen, endlich im Zirkus arbeiten zu dürfen, von den Menschen bewundert zu werden, zeigen zu können, was für eine großartige Artistin sie war. Nun war auch das vorbei, beendet ohne ihr Zutun und gegen ihren Willen, als ob ihr Leben einer anonymen Macht unterworfen wäre.

Nun saß sie wieder in ihrem kleinen Zimmer in Eschollbrücken und starrte hoffnungslos aus dem Fenster. Warum mußte sie nur als Jüdin geboren sein? Sie schämte sich. Es war die Scham der Wehrlosen.

Zu Hause breitete sich eine seltsam gedrückte Stimmung aus. Irenes Großvater Julius Lorch arbeitete mit seiner Ikarier-Truppe in Belgien und England. Ihr Vater Hans Danner war noch vor Kriegsbeginn am 1. September 1939 als Soldat eingezogen worden. In einer Kaserne in Nürnberg wurde er für seinen Einsatz gedrillt, der ihn erst nach Afrika und später nach Rußland führen sollte. Irenes Mutter Alice durfte genau wie ihre Tochter in Deutschland nicht mehr arbeiten. Noch sorgte sie sich weniger darum, was ihr als Jüdin passieren könnte, als um ihren Mann und sein ungewisses Schicksal als Soldat.

Die Nahrungsmittel im Lorch-Haus wurden immer knapper. Gleich nach Kriegsbeginn wurden sie für alle Deutschen rationiert, damit die Armee nicht wie im Ersten Weltkrieg Hunger leiden mußte. Die jüdische Bevölkerung traf es am härtesten. Sie bekam weniger Fleisch, weniger Butter, kein Kakaopulver und keinen

Reis mehr. Sonderzuteilungen wie Kaffee, Schokolade, Obst und Kondensmilch entfielen für sie ganz. Für jüdische Kinder wurde statt Vollmilch nur noch Magermilch ausgegeben. Auf die Lebensmittelkarten der Juden war nun ein dickes »J« gestempelt, damit sie sich nicht entgegen der herrschenden Gesetze bei gutgläubigen Lebensmittelhändlern bedienen konnten.

Trotzdem brachte Oma Sessie das Kunststück fertig, aus Kartoffeln einen köstlichen Kuchen zu backen. So jedenfalls empfanden es die beiden Mädchen.

Manchmal half Irene Mutter und Großmutter, die in Heimarbeit Kartons falteten. Für jeden Karton gab es zwei Pfennig, fünf Mark kamen so am Tag zusammen. Irene holte die Kartons mit dem Fahrrad aus der Fabrik in Eberstadt ab und brachte sie fertig gefaltet und geklebt wieder zurück.

Einmal geriet sie mit dem viel zu voll bepackten Rad in eine Straßenbahnschiene, sie rutschte aus, die Kartons fielen auf die Straße. »Lieber Gott«, flehte Irene, »laß sie nicht kaputt sein, dann war unsere ganze Arbeit umsonst und wir bekommen durch meine Schuld keinen Lohn.« Doch sie hatten glücklicherweise nur ein paar Schrammen abbekommen.

Die Großmutter sang nun keine Operettenlieder mehr. Einmal klebte sie die Kartons falsch zusammen. »Kinder, Kinder, was habe ich nur getan?« jammerte sie, »ich bringe euch alle in Gefahr.« Von ihrem Optimismus, daß niemand ihr etwas antun könne, war nichts mehr übriggeblieben. Ihre zittrige Angst steckte die anderen an.

Irene Bento:

Heute glaube ich, daß Oma das Bedrohliche viel stärker empfand, als sie es mich spüren ließ. Doch eines Tages bekam ich Zahnschmerzen. Sie wurden so heftig, daß ich an nichts anderes mehr denken konnte. Schließlich wagte ich mich zu Dr. Eitmann, unserem Familien-Zahnarzt, ein älterer, besonders lieber Mensch. Von ihm konnte doch nichts Böses kommen – oder doch? Als er mich herzlich begrüßte, fing ich an zu weinen und erzählte ihm von unserer Not. Da strich er mir über die Haare und sagte: »Was hältst du davon, Irenchen, wenn du bei mir als Sprechstundenhelferin anfängst?«

Eine vom Zirkus in der blitzblanken Praxis des Zahnarztes? Und dazu noch die Tochter einer Jüdin? Ich konnte es mir nicht vorstellen. Doch schon nach wenigen Tagen hatte ich mich eingearbeitet, mein weißer Kittel gefiel mir – und er beschützte mich. Die Patienten ahnten nichts davon, daß ihnen eine Jüdin in den Mund schaute oder ihre Hand hielt, wenn sie vor Schmerzen jammerten.

Vielleicht wären die Nazis Dr. Eitmann eines Tages auf die Schliche gekommen, wenn ich länger bei ihm geblieben wäre. Sie hätten ihn bestimmt hart bestraft. Er hat damals großen Mut bewiesen. Aber dann lernte ich nach kurzer Zeit meinen Peter kennen, und ein neuer Lebensabschnitt begann. Ich spürte wieder die Sonne und sah auch die Margeriten am Weg. Ich war verliebt in einen Clown.

2 DIE BENTO-CLOWNS

PETER Bento rückt auf seinem Schemel ganz dicht an den kleinen ovalen Spiegel, der ringsum mit Glühbirnen beleuchtet ist. Fotos sind mit Reißzwecken an die Wand geheftet. Man erkennt darauf junge Frauen in enganliegenden Trikots, ein Schiffsdeck voller Menschen, ein elegant gekleidetes Paar mit leerem Blick vor geblümter Tapete, das vermutlich im Studio eines Photographen, zum Stillhalten ermahnt, in die Kamera starrt. Und Clowns in vielerlei Posen und Kostümen. In einem Wasserglas welkt eine Rose. Es ist der Platz im hölzernen Wohnwagen der Bentos, in dem aus dem 18jährigen Peter jeden Abend ein dummer August wird. Auch sein Vater José Bento schminkt sich hier für seinen Auftritt. Der kleine Wagen ist das Zuhause von Vater und Sohn. Die Mutter lebt seit langem nicht mehr bei ihnen.

Draußen über der Tür steht in verschnörkelten

Buchstaben »Die 3 Bentos – berühmte Musikal-Clowns«.

Peter öffnet seinen kleinen schweinsledernen Koffer, das Geschenk seines Vaters zum 15. Geburtstag, als aus den »2½ Bentos« die »3 Bentos« wurden. Als er endlich ebenbürtig neben dem Vater einen richtigen, erwachsenen August spielen durfte. Er schraubt die Schminktöpfchen auf, sucht sich einen passenden Pinsel. Erst pudert er das ganze Gesicht. Dann streicht er eine dicke Schicht weißer Farbe auf Augenlider und Lippen. Schwungvoll umrandet er die Lippen mit einem schwarzen Strich, setzt ein paar kräftige schwarze Lachfalten in die äußeren Augenwinkel, klebt über seinen sorgfältig gestutzten Schnäuzer einen dicken Wuschel roter Haare, stülpt sich eine Pappnase über die eigene, zieht die rote Perücke fest in die Stirn. Aus Peter Bento ist ein August geworden.

Er liebt diese stillen Minuten kurz vor dem Auftritt in der lärmenden Manege. Dort spielt jetzt die Kapelle einen Marsch. Die Zuschauer warten ungeduldig auf den Moment, wenn die jungen Damen rechts und links den Vorhang auseinanderziehen und die Clowns in die Manege laufen und stolpern.

Heute ist Peter nicht so ganz bei der Sache. Seine Gedanken wandern zu Irene Danner. Er hat sich in sie verliebt. Peter seufzt. Sie hatte ihm zwar gestern abend nach der Vorstellung gnädig erlaubt, sie und ihre Schwester nach Hause zu begleiten. Aber sie hatte ihm auch gleich gesagt, daß sie Clowns nicht sonderlich möge, und schon gar nicht so einen tolpatschigen dummen August. Aber den hatte er da ja in der Garderobe gelassen, war einfach ein junger Bursche, den sie, so schien es, doch ein bißchen sympathisch fand. Er konnte es in ihren Augen lesen, als sie über den Feldweg gingen, der von Pfungstadt nach Eschollbrücken führt. Und die Margerite, die er pflückte und ihr schüchtern ins Haar steckte, nahm sie lächelnd an. Doch als er ihre Hand berührte, zuckte sie erschrocken zurück.

Vor der Haustür bat sie ihn und seinen Vater für den nächsten Tag zum Essen, im Auftrag von Mutter und Großmutter, wie sie betonte. Mit keinem Wort und keiner Geste ließ sie sich dazu herab, ihre eigene Freude zu zeigen.

Peter Bento schämt sich nicht, der dumme August im Clowns-Trio zu sein. Im Gegenteil:

Etwas anderes habe ich mir nie gewünscht. Obwohl der dumme August in der Rangordnung an letzter Stelle steht. Aber dafür liebt ihn das Publikum am meisten.

Da ist zunächst der Weißclown, elegant und prächtig in seinem mit Pailletten über und über bestickten Kostüm, zu dem er weiße Seidenstrümpfe und schwarze Lackschuhe trägt. Sein Gesicht ist ganz weiß geschminkt, die Augenbrauen sind mit kühnen Strichen betont, was ihm etwas Überhebliches verleiht, Lippen und Ohren sind in leuchtendem Rot bemalt. Meist trägt er einen weißen Spitzhut. Er zeigt gern, wie schlau er ist und wie dumm die beiden anderen Clowns in ihren schlecht sitzenden Anzügen, die den Namen Clown gar nicht verdienen – die Auguste. Er versucht nun, unangenehm schulmeisterlich, die beiden gegeneinander auszuspielen und sie hereinzulegen. Am schlechtesten ergeht es dabei dem dummen August, diesem Tölpel, der auch noch die Hiebe einstecken muß, die der andere August geschickt von sich abzuwenden versteht. Deswegen weint er oft die bittersten Tränen. Doch am Ende fällt der Weiße selber herein. Darüber freut sich das Publikum, denn Schadenfreude ist bekanntlich die größte Freude, nicht nur unter Clowns, im ganzen Leben ist das so.

Peter Bento entstammt einer belgischen Künstlerfamilie.

Etwa um die Zeit, als der wandernde Gaukler Heinrich Lorch seinen Söhnen Adolf und Louis einen Zirkus übergab, lebte in Antwerpen die Künstlerfamilie Babousiau. Am Theater in Antwerpen wurde die schöne Schauspielerin Marie Babousiau gefeiert. Sie verliebte sich eines Tages in François Storms, einen stolzen Kapitän zur See, der mit dem Passagierdampfer der Belgisch-Kongo-Schiffahrtsgesellschaft die Weltmeere kreuzte. Als er im Winter 1893 nach einjähriger Abwesenheit wieder einmal im heimatlichen Hafen ankerte, überraschte ihn die Geliebte mit einem Sohn. Da wurde, Ordnung muß sein, eben geheiratet.

Der Junge Josef-Franz, der wenige Jahre später noch ein Brüderchen mit Namen Pierre bekam, ist niemand anderer als Peter Bentos Vater José. Storms ist ihr wirklicher Name, Bento wurde später ihr Künstlername. Und weil es in der Künstlerfamilie Babousiau neben Schauspielern auch Musiker, Bildhauer und Akrobaten gab, lernten die beiden Buben von Onkel Eugen Babousiau schon früh Parterrespringen, Jonglieren, Seiltanzen, Kapriolen schlagen und das Dressieren kleiner Hunde.

Daß aus Josef-Franz, genannt José, ein Clown wurde, verdankt er seinem Onkel Eugen, dem akrobatische Glanzleistungen allein nicht genügten. Das Publikum, meinte er, müsse vor allem lachen. 1923 gründete er deshalb sein erstes klassisches Clowns-Trio »Die drei Babusios«, in dem José Storms den Part des dummen August übernahm. Dritter im Bunde war ihr Landsmann Polly de Baetz als Weißclown. Ihr beliebtestes Entrée, so heißen noch heute die clownesken Stegreifspiele, war das explodierende Auto. Damals war das Auto noch ein vielbestauntes technisches Wunderwerk. Und da kamen diese respektlosen Clowns daher und gaben es der Lächerlichkeit preis! Besonders komisch war es, wenn sich der August auf den Kühler setzte und scheinbar aus seinem Kopf eine meterhohe Wasserfontäne spritzte. Oder wenn er den Motor mit einer brennenden Kerze in Gang setzen wollte, worauf ihm prompt die Einzelteile um die Ohren flogen.

Diese damals modernen Clownerien wollte sich Hans Stosch-Sarrasani für seinen weltberühmten Zirkus sichern. Und so kam es, daß die »Babusios« mit

Sarrasani nach Südamerika reisten, wo sie ein ganzes Jahr lang das Publikum von Buenos Aires mit immer neuen Späßen begeisterten.

José Storms, jung und stürmisch – wie es sein Name verheißt –, wollte etwas Neues ausprobieren. Er hatte gehört, daß in Europa die »3 Fratellinis« mit ihren Clownspielen und ihren Musikinstrumenten so erfolgreich waren. Der französische Erziehungsminister hatte sie sogar als »Lachende Philosophen der Manege« zu Mitgliedern der Académie Française ernannt.

Zusammen mit Polly de Baetz kehrte José nach Belgien zurück. In René Bento trafen die beiden den richtigen dritten Partner. Der studierte Musiker spielte mehrere Instrumente. Und so zogen »Die 3 Bentos«, wie sie sich nun nannten, mit Mandolinen, Trompeten und Posaunen in die Manege. Klassische Klänge zum derben Klamauk oder der feinen Pantomime der Clowns waren neu und ungewohnt. Manchmal, wenn auch die Ehefrauen mitspielten, traten sie als »Die 6 Bentos« auf. Damit wurde José Storms' Traum Wirklichkeit: Die Bentos waren die größte und musikalisch beste Clowns-Truppe. Die großen Zirkusunternehmen in aller Welt rissen sich um sie. Den Künstlernamen Bento haben José und später sein Sohn Peter genauso in unsere Zeit getragen wie die Tradition der Musikalclowns.

✦

Peter Bento:

Meinen ersten Schrei tat ich in Antwerpen, am 7. März 1923. Und da meine Mutter Maria auch Artistin war, wurde der Zirkus mein Zuhause. Mein Kinderwagen stand immer unter den Holzbänken, auf denen die Besucher saßen. Manchmal erschreckte oder amüsierte ich sie durch lautes Brüllen. Als ich acht Monate alt war, fuhren meine Eltern auf der »Danzig« mit dem Zirkus Sarrasani nach Südamerika. Mein Vater erzählte mir später, daß das riesige Schiff mit hundert Lastautos, vierhundert Tieren und nochmal so vielen Menschen, dazu mit Wohnwagen und allerlei Technik beladen gewesen sei, daß es auf dem Schiff eine Probiermanege gab und ein Wasserbecken für das mitreisende Nilpferd des Herrn Direktor. In den kommenden zwei Jahren zogen wir durch den ganzen Kontinent. Hier lernten sich auch die Familien Bento und Lorch kennen.

Wir fuhren mit dem Pferdegespann oder mit dem Zug von einer Stadt zur anderen. Auf Pferden überquerten wir die Kordilleren; das dauerte ungefähr zwei Wochen. Unser Gepäck wurde von Maultieren transportiert. Sie trugen sogar einen Löwenkäfig, der auf zwei Stangen befestigt war. Ich saß vorne bei meinem Papa auf dem Pferd. Wir ritten den ganzen Tag. Die Pferde kannten ihren Weg allein. Abends machten wir in Herbergen Rast. Hier wurden die müden Pferde von Gauchos in Empfang genommen und am anderen Morgen gegen neue ausgetauscht. Wir übernachteten in einem großen Raum, in sonderbaren Betten, die zwischen zwei Ständern aufgehängt waren und sich sanft bewegten. Solche Betten hatte ich noch nie gesehen, das Wort Hängematte noch nie gehört. Die schnauz-

bärtigen Männer, die so finster blickten und große Messer an der Hüfte trugen, machten mir angst. Doch offensichtlich nicht nur mir. Mein Onkel, der sie für Diebe hielt, steckte sich sein Geld vorne in die Unterhose, bevor er sich in sein schaukelndes Bett legte. Das muß einer beobachtet haben.

Am nächsten Morgen kam er ohne anzuklopfen in unseren Schlafraum, blieb vor dem Nachtlager meines Onkels stehen, stieß ihn, der vor Angst kaum geschlafen hatte, an die Schulter: »Du, du bist kein guter Mann«. Mein Onkel stotterte: »Wieso?« – »Weil du Angst vor uns hast, weil du glaubst, wir seien Diebe«, sagte der Gaucho verächtlich und gab meinem Onkel einen Stoß, so daß der aus seiner heftig schaukelnden Matte mehr fiel als hüpfte und dabei wie bei einem Zaubertrick Geldscheine aus seiner Unterhose flatterten. Glücklicherweise zogen wir bald weiter.

Wir Zirkuskinder hatten kein leichtes Leben. Oft brachte uns die Mutter abends ins Bett, weckte uns aber mitten in der Nacht wieder auf und vertrieb uns aus unserem warmen Nest. Zitternd zogen wir uns an, denn der Zirkus reiste mal wieder weiter. Wenn wir mit dem Zug fuhren, schliefen wir oben im Gepäcknetz. Das waren keine ruhigen Nächte, deswegen wurden wir auch häufig krank. Dieser ständige Wechsel zwischen Schlaf und Wachsein, zwischen Wärme und Kälte machte uns zu schaffen.

Wenn wir im nächsten Ort ankamen, gingen die Artisten als erstes auf Zimmersuche, denn damals hatten wir noch keine Zirkuswagen zum Wohnen und Schlafen. Sie stellten das ganze Gepäck am Bahnhof ab, setzten uns Kinder darauf und zogen los. Nicht immer wurde das fahrende Volk freund-

lich empfangen. Oft wurden ihnen Schimpfworte entgegengeschleudert und Türen vor ihnen zugeknallt. Aber es gab auch freundliche Menschen, in deren Obhut die Eltern uns lassen konnten, wenn sie in der Zirkusmanege arbeiteten.

Wir haben schon als Kinder viel erlebt und gesehen. Wenn ich heute einem Menschen in die Augen schaue, erkenne ich auf Anhieb, ob er ein guter oder ein schlechter Mensch ist. Manchmal reisten wir in einem Jahr durch fünf Länder. Wir besuchten zwar selten eine Schule, doch uns unterhalten und die Zeitung lesen, das können wir Zirkusartisten allemal in fünf und noch mehr Sprachen.

✦

Ganz selbstverständlich wuchs der kleine Peter in seinen späteren Beruf als Clown hinein. An seinen ersten Auftritt an der Hand des Vaters kann er sich noch gut erinnern. Er sagt, es sei einer der glücklichsten Momente seines Lebens gewesen, nur noch übertroffen von dem, als er selbst mit seinen beiden Söhnen zu Beginn der sechziger Jahre die Tradition der »3 Bentos« wiederaufleben ließ.

Peter Bento:

Ich war ungefähr fünf Jahre alt. Ich trug einen Frack mit weißer Weste, dazu einen Zylinder. Alles sehr nobel, alles viel zu groß. So ein Miniclown braucht nicht viel zu machen. Schon allein wenn er reinkommt in die Manege, lachen die Leute über den kleinen Kerl.

Wir zeigten damals einen Zaubertrick mit Hüten. Ich mußte den Hut halten. Der Weißclown streckte seinen Arm mit drei verschiedenfarbigen Taschentüchern hoch, die er vor dem Publikum zusammenknotete. Dann stopfte er sie in den umgedrehten Hut und zeigte ihn dem Publikum ringsum. Er machte ein bißchen Hokuspokus und holte dann die Taschentücher aus dem Hut heraus – aber eins nach dem anderen. Großer Applaus. Und dann guckte ich in den Hut und sagte: »Oh, da sind ja die anderen« – dabei zog ich die immer noch verknoteten Tücher heraus. So einfach ist es, die Menschen zum Lachen zu bringen, wenn man ein kleiner Junge ist und die Tricks der Großen verrät.

✦

Weil Peter häufig krank war und sein kleiner Körper nur zögernd wuchs, brachten ihn die Eltern zu einer Tante nach Antwerpen. Ein Arzt hatte ihnen geraten, ihren Jungen wenigstens ein Jahr in ein und demselben Bett schlafen zu lassen.

Es wurden daraus zwei Jahre, in denen Peter regelmäßig zur Schule ging und von seinem Onkel akrobatisch unterrichtet wurde. Bald konnte er auf den Händen laufen, Rad schlagen, sicher auf einem Seil balancieren, mit sieben Ringen jonglieren, Saxophon und Geige spielen. Dann kehrte er in den Zirkus zurück. Und ganz allmählich wurde aus ihm ein richtiger Clown.

Peter Bento:

Ich liebe meinen Beruf, er ist mein Leben. Und ich liebe die Menschen, möchte sie, wenn auch nur für einen kurzen Augenblick, glücklich machen. Das, glaube ich, ist das elementare Bedürfnis eines Clowns. Ein Clown muß die Menschen sehr gut kennen. Wenn ich hereinkomme in die Manege, ganz lässig, als spazierte ich über eine Kurpromenade, die Hände in den Taschen meiner schlotternden Hose, dann beobachte ich das Publikum genau so, wie es mich beobachtet. Dann spüre ich die ersten Reaktionen. Und darauf stelle ich meine Arbeit ein. Es genügt nicht, sich eine rote Nase aufzusetzen und in große Latschen zu schlüpfen, um ein Clown zu sein. Das Publikum will spüren, daß da unten auf dem Sägemehl ein Mensch mit all seinen Schwächen steht, und dann lachen sie im Grunde über die eigenen Schwächen und Ungeschicklichkeiten, die sie bei diesem Clown wie in einem Spiegel sehen.

✦

Nachdem die deutsche Wehrmacht im Mai 1940 das Nachbarland Belgien überfallen und besetzt hatte, wurden die Bentos, wie zahlreiche andere Belgier, als »Fremdarbeiter«, so die neue Sprachregelung des »Dritten Reichs«, nach Deutschland zum Arbeitseinsatz geschickt. Das Ziel der Bentos war eine Fabrik in Köln, die sie aber glücklicherweise nie von innen sahen. Übernachten mußten sie in einem Altersheim. Dort lernten sie einen älteren Herrn kennen, dessen

Sohn der Direktor des Kölner Varietés »Kristallpalast« war. Da sich José Bento nicht von seinem Utensilienkoffer und von seinen drei gelehrigen Hunden getrennt hatte, bekamen Vater und Sohn die Chance, im »Kristallpalast« aufzutreten. Die Gage wurde ihnen, den Ausländern, zunächst unter der Hand bezahlt. Doch in der Zwischenzeit war die Genehmigung von der Reichstheaterkammer eingetroffen, daß sie als Artisten arbeiten durften. Schnell wurde ein Künstleragent auf das komische Duett aufmerksam, der Vater und Sohn Engagements in anderen Varietés verschaffte. Als sie 1941 – da war Peter 18 Jahre alt – in der »Scala« in Wiesbaden ihre Hundenummer vorführten, sah sie dort der junge Zirkusdirektor Adolf Althoff. Er heuerte sie an, und sie waren froh, wieder im Zirkus zu sein. Jetzt kam auch ihre deutsche Kollegin Trude Meiser zu den Bentos zurück, die in Belgien mit ihnen als Clownesse aufgetreten war. »Die 3 Bentos« waren wieder komplett.

✦

Peter Bento:

Als ich noch ein kleiner Junge war, gab es häufig Streit zwischen den Eltern, weil mein Vater eifersüchtig war auf jeden Mann, der meine schöne Mutter nur anschaute. Eines Tages wurde es ihr zuviel, und sie kehrte dem häuslichen Wohnwagen und der Manege für immer den Rücken. Ich lebte damals bei der Tante in Antwerpen. Als ich wieder zum Zirkus zurückkehrte, war sie einfach nicht mehr da; das war schlimm für einen neunjährigen Buben. Jetzt wurde mein Vater noch strenger und unnachgiebiger. Er war der Chef. Er hatte eine Schrift wie ein Professor, trat auf wie ein Graf und ließ am liebsten andere für sich arbeiten. Er war auch sehr pingelig, was seine Kleidung anbetraf. Wenn nur ein Spritzerchen Schmutz auf seine weißen Clownsgamaschen geriet, mußte ich ihm sofort frische bringen. Ich war »Mädchen« für alles, mußte waschen, bügeln und kochen. Trotzdem liebte er mich auf seine Weise und wünschte sich nichts sehnlicher, als daß ich die familiäre Clownstradition fortführen würde.

Noch zu der Zeit, als ich mich in Irene verliebte, ging ich nach getaner Arbeit gehorsam jeden Abend ins Bett, nicht ohne mich von meinem Vater mit einem Kuß verabschiedet zu haben. Das gehörte sich so für einen braven Sohn.

Ausgehen? Mädchen treffen? Du lieber Gott, das hätte Papa nie erlaubt.

✦

Aufgeregt überbringt Peter seinem Vater die Einladung der Lorchs. Ein bißchen Angst hat er schon, daß der Vater absagen wird. Doch der freut sich, die alte Frau Lorch und ihre schöne Tochter Alice wiederzusehen.

Peter Bento:

Am nächsten Tag zogen Papa und ich jeder unseren besten Anzug an, darunter ein weißes Hemd und die einzigen Seidenkrawatten, die wir besaßen. Mein Vater setzte sogar einen Hut auf und steckte seine dicksten Zigarren ein. Es gab grüne

Bohnen und Kartoffeln, und wir unterhielten uns lange über alte Zeiten und gemeinsame Bekannte. Aber Irene bekam ich leider kaum zu Gesicht. Sie saß im Nebenzimmer und hörte uns stumm zu. Vielleicht gehörte sich das ja so für ein wohlerzogenes Mädchen. In solchen Dingen kannte ich mich nicht so gut aus. Aber ich sah, daß sie ein schönes rotes Kleid trug mit einem breiten weißen Gürtel um die Taille. Und ich sah, wie sie erschrocken die Augen senkte, wenn ich zu ihr hinüber blickte. Also beobachtete auch sie mich.

Irene Bento:

Nein, es gab keine Kartoffeln und Bohnen. Wie kommt Peter nur darauf? Ich erinnere mich genau, daß meine Oma einen Kuchen gebacken und Kaffee dazu aufgetragen hat. Kaffee war bei uns eine Seltenheit geworden. Großmutter bewahrte ihn in einer großen Blechdose auf, die sie hinter den Tassen und Tellern versteckte. Am großen Tisch mit der Spitzendecke darauf saßen die zwei Herren mit meiner Oma und Mama. Peters Vater zog ab und zu an seiner Zigarre. Sie roch sehr gut. Peter rauchte nicht. Ich traute mich nicht an den Tisch, es hatte mich auch niemand dazu aufgefordert. So setzte ich mich nebenan auf das Sofa, vor dem ein Korbtischchen stand. Hier saß ich oft, wenn ich nähte, las oder in mein Tagebuch schrieb. Ich hörte mit gespitzten Ohren zu und konnte Peter in aller Ruhe beobachten. Was ich sah, gefiel mir: seine weißen Zähne, seine dunklen Augen, seine schlanke Figur. Ein bißchen laut war er. Aber ich dachte: Das ist ein wirklich netter Mensch. Wir guckten uns immer wieder verstohlen an. Ich wunderte mich, daß die beiden überhaupt in ein Judenhaus gekommen waren, wo uns doch keiner mehr besuchen wollte. Wußten sie überhaupt, daß wir Juden waren? Und würde Peter sich genauso abwenden wie die Jungen im Dorf, wenn er es wüßte? Die dunklen Gedanken gingen mit mir zu Bett an diesem Abend.

3 VERLIEBT IN EINEN CLOWN

IRENE schläft schlecht in dieser Nacht.

Sie hat sich noch nie zuvor verliebt. Aber diese Unruhe, die sie jetzt völlig beherrscht, dieses Schwanken zwischen Seligkeit und Bangen – das muß wohl Liebe sein. Nachts im Traum kommt die Angst zurück. Da stehen zwei Männer in Ledermänteln plötzlich vor ihrem Bett und zerren sie heraus. Sie schämt sich, denn sie ist nackt. Was weiter mit ihr geschieht, hat ihr der Traum nicht verraten. Weinend ist Irene in diesem Moment aufgewacht.

Am anderen Morgen stehen ihre Haare noch wirrer vom Kopf ab als sonst. Irene zieht ein Band über die widerspenstigen Locken und radelt wie jeden Tag zu Zahnarzt Dr. Eitmann nach Pfungstadt.

Als sie am späten Nachmittag die Praxis verläßt, steht Peter Bento auf der anderen Straßenseite. Er pfeift leise eine Melodie. In seinem Mundwinkel steckt keck eine Margerite. Als er Irene sieht, läuft er über die Straße auf sie zu. »Heute gefallen Sie mir noch viel besser, Fräulein Danner«, sagt er mit einem Blick auf ihre Haare: »So sollten Sie sie immer tragen.«

Irene merkt, wie ihre Wangen heiß werden und die Hitze bis hinauf zur Stirn steigt. Macht er sich etwa über sie lustig? Oder findet er diese ungebändigten Haare, die sie so anders aussehen lassen als die Mädchen im Dorf, wirklich schön? Ein komischer Kauz.

Wieder begleitet er sie nach Hause. Mit der einen Hand schiebt er ihr Rad, mit der anderen berührt er wie zufällig ihren Ellbogen. Dann gleitet sie hinunter bis zu ihren Fingern. Da breitet sich diese sonderbare Hitze in Irenes ganzem Körper aus. Aber es ist ein prickelndes Gefühl, und diesmal zieht sie ihre Hand nicht zurück.

Peter erzählt ihr, daß seine Eltern geschieden seien. Daß sein Vater eine Freundin gehabt habe, die aber vor kurzem weggelaufen sei. Und daß ihr bisheriger Weißclown Trude Meiser Maria Althoffs Bruder Karl von der Gathen geheiratet habe und nun bei ihnen ausgeschieden sei. Ob Irene sich nicht vorstellen könne, in die verwaiste Rolle zu schlüpfen? Die Kostüme seien alle noch da. Doch dann schaut er sie prüfend von Kopf bis Fuß an und meint, daß die Kostüme wohl geändert werden müßten, weil Irene so zierlich sei. Er sagt das ganz sachlich, doch Irene denkt: »Wahrscheinlich bin ich ihm zu dünn.«

Den Gedanken, als Clownesse im Zirkus aufzutreten, weist Irene empört von sich. Außerdem – sie darf doch gar nicht mehr arbeiten. Ob Peter das nicht weiß? Obwohl, vielleicht könnte sie dann wieder Geige spielen? Sie erzählt Peter von ihrer Geige, von ihrem Großvater, der sie als Kind täglich unerbittlich zum Üben angetrieben hat, und von ihrem Geigenlehrer, den sie zusammengeschlagen haben, weil er in das Judenhaus wollte. Es ist das erste Mal, daß Irene Peter etwas über ihre schrecklichen Erlebnisse erzählt.

Peter Bento:

Irenes Geständnis erschreckte mich und holte mich unsanft von meiner Wolke auf den Boden zurück.

In der Manege war ich immer vom Lachen der Menschen umgeben, sogar im Krieg. Wir Artisten diskutierten zwar häufig über die rüden Bestimmungen der Reichstheaterkammer, die uns alle zu Marionetten machte. Doch wir vermieden es, über das Schicksal der Juden zu sprechen. Wir Artisten leben in einer eigenen Welt. Jeder kommt aus einem anderen Land, jeder hat seine Religion – das zählt bei uns nicht. Mein bester Kumpel war der Artist Mohamed, ein Marokkaner und Muslim. Er ist auch heute noch mein Freund.

Doch nun hörte ich zum ersten Mal von Irene, einer direkt Betroffenen, was draußen wirklich geschah. Und das war etwas anderes als die Gerüchte, die man allenthalben hörte: Es ging mir unter die Haut.

Später, nachdem Irene mir mehr erzählt hatte, weihte ich Mohamed ein, und wir beschlossen: Wir werden jeden Nazi töten, der es wagt, ihr etwas anzutun. Doch so einfach war das nicht, wie sich bald herausstellen sollte.

Daß Irene Geige spielen konnte, hat mich sehr beeindruckt. Auch ich hatte als kleiner Junge von einem Onkel Geigenunterricht bekommen, doch dann wurde ich sehr krank und mein Papa meinte, ich müsse mich in jeder Weise schonen, damit aus mir ein kräftiger Junge werde. Und eine Violine sei sowieso nicht das richtige Instrument für einen Clown. Statt dessen lernte ich später Saxophon, Mundharmonika, Akkordeon und Trompete spielen.

Ich sagte zu Irene, daß eine geigende Clownesse etwas Neues und Ungewöhnliches sei und mein Papa sicher begeistert sein würde. Außerdem könne ich ihr ja Saxophonspielen beibringen. Ob sie sich das zutraue? Empört wies sie mich zurecht: »Warum denn nicht? Ein guter Artist kann alles, was man von ihm verlangt. Und ich bin eine gute Artistin. Aber als Clownesse auftreten? Da lachen die Leute ja über mich. Nein, diesen Gedanken müssen Sie sich aus dem Kopf schlagen.«

Doch ich merkte, daß sie über meinen Vorschlag nachdachte, als sie hinzufügte: »Und außerdem, das würden meine Eltern nie erlauben.«

Irene Bento:

Der Gedanke, zusammen mit Peter als Clownesse aufzutreten, ließ mich nicht mehr los. Deshalb war ich sehr traurig, als der Zirkus weiterzog, während ich in Escholbrücken bleiben mußte. Meine Schwester Gerda tröstete mich: »Komm, Ini, du bekommst deinen Peter. Ich helf' dir auch dabei.«

Ich wußte nicht, daß Peter zu diesem Zeitpunkt seinem Vater die Hölle heiß machte, damit er mich als dritten Clown engagierte. Er drohte sogar, er würde in der Fabrik arbeiten, wenn ich nicht zu ihnen kommen dürfe. Seinen Sohn verlieren aber wollte Vater Bento um keinen Preis. Auch nicht um den, eine Jüdin zu beschäftigen. Niemand mußte das erfahren ... Also schrieb er schließlich einen Brief an meine Mutter, er wolle mich für sein Clowns-Entrée engagieren. Mein Vater war zu dieser Zeit als Soldat in Afrika.

Zu Hause war der Teufel los. Die beiden Frauen wollten mich nicht gehen lassen. »Irene, du weißt doch, daß du genauso wie ich Arbeitsverbot hast. Es ist zu gefährlich«, sagte Mama streng. Und fügte noch hinzu: »Für uns alle.« Oma Sessie hingegen sorgte sich mehr um meine Moral. »Du bist doch noch so jung, Kind.« Ich sagte ihr, daß sie sich darüber keine Sorgen machen müsse, ich wüßte schon, was sich gehörte und was nicht.

Schließlich schlossen Peters Vater und meine Mutter einen Vertrag, nachdem er versprochen hatte, mich wie seine eigene Tochter aufzunehmen und zu behandeln. Ich wurde als musikalische Clownesse und Akrobatin engagiert, für 150 Reichsmark im Monat, bei freier Kost und Logis.

Unter »Besondere Vereinbarungen« stand handschriftlich im Vertrag: »Hilfe im Haushalt und weiteres nach Angabe des Truppenchefs.« Damit war Peters Vater gemeint.

Am 25. August 1941 kam ich mit einem kleinen Koffer in Aschaffenburg an, wo der Zirkus Althoff inzwischen gastierte. Peter holte mich am Bahnhof ab. Hand in Hand liefen wir über die steinerne Mainbrücke. Immer wieder blieben wir stehen, er nahm mein Gesicht in seine Hände und küsste mich. Es war uns egal, was die Leute dachten.

Hinter der Brücke kamen wir an einem Schmuckgeschäft vorbei. Da kaufte Peter unsere Verlobungsringe. Sie waren aus Silber, goldene konnte er sich nicht leisten. Ich habe sie noch heute. Es gab keine Verlobungsfeier. Peters Vater meinte, man müsse das Ganze ja nicht gleich an die große Glocke hängen. Und außerdem seien die Zeiten nicht danach. Vielleicht wollte er nur nicht, daß die anderen erfuhren, daß die Verlobte seines Sohnes die Tochter einer Jüdin war.

Doch die schlimmen Jahre der Demütigung lagen nun hinter mir. Das glaubte ich wenigstens. Ich war auf einmal wieder da, wo ich hingehörte, in meinem geliebten Zirkus. Und ich war bei Peter, meinem zukünftigen Mann. Trotzdem verließ mich die Angst keinen Tag. Ich arbeitete illegal, und Peters Vater wußte das. Deswegen fürchtete ich mich auch vor ihm. Er war nicht sehr freundlich zu mir, denn ich nahm ihm ja seinen einzigen Sohn weg. Das ließ er mich täglich spüren.

Dem Herrn Direktor und seiner Frau ging ich aus dem Weg. Wußten sie überhaupt, wer die neue Partnerin von Vater und Sohn Bento war? Und wenn sie es erfahren würden – müßte ich dann auch wieder gehen wie damals bei Busch?

Ganz beiläufig erzählt Maria Althoff ihrem Mann, daß die Bentos eine neue Clownesse engagiert haben.

»Der alte Bento muß wissen, was er tut«, sagt Adolf Althoff nur, »hoffentlich läuft die ihm nicht auch wieder weg wie ihre Vorgängerin. Mit ihm ist ja nicht gerade gut Kirschen essen.« Maria lächelt. »Aber Adolf, sie ist doch Peters Freundin, und der läßt so etwas Süßes bestimmt nicht mehr gehen – außerdem ist sie eine Lorch«, fügt sie vorsichtig hinzu. »Weiß ich«, brummt er, und damit ist das Thema zwischen ihnen erledigt.

Adolf Althoff weiß nur zu gut, daß er als Mitglied der Reichstheaterkammer gegen deren Gebote verstößt, wenn er die Jüdin in seinem Zirkus duldet. Für ihn wie auch für seine Frau ist Irene in Zukunft nur noch »die kleine Italienerin, die jetzt bei den Bentos arbeitet«. Irene spricht etwas italienisch. Sie hat es in der Zeit gelernt, als sie mit den Carolis und ihren Pferden als Kunstreiterin auftrat. Eine gute Tarnung.

Peter Bento:

Daß mein Vater Irene zunächst nicht bei uns haben wollte, wußte ich sehr wohl. Aber allmählich legte sich seine Eifersucht. Er merkte ja auch, wie tüchtig Irene war und wie schön unser Zuhause durch sie wurde. Später hat er sich sogar für sie eingesetzt.

Das war im Oktober 1941 in Altenburg in Thüringen, wo unser Zirkus sein Zelt aufgeschlagen hatte. Eines Tages kam so ein »Goldfasan« und schaute sich unsere Vorstellung an. Jemand mußte uns denunziert haben. Denn hinterher ging der SA-Bonze direkt auf Irene zu und sagte: »Du weißt ja wohl, woher du stammst und was mit dir passiert, wenn ich dich nochmal hier in der Manege erwische.« Da mischte sich mein Vater ein: »Sie arbeitet ja gar nicht, sie assistiert nur, reicht mir Sachen zu, das ist alles. Und dazu trägt sie halt ein Kostümchen.« Bei diesem Wort zog der Mann seine Augen zu engen Schlitzen zusammen: »Das Kostümchen, das ist es ja! Das deutsche Volk soll sich nicht an jüdischen Beinen und an einem jüdischen Körper ergötzen. Also, beim nächsten Mal will ich sie nicht mehr sehen.«

Anderntags sollten die Artisten von Althoff für das Militär einen bunten Abend in einem Saal in Altenburg geben. Da ließ uns derselbe »Goldfasan« zu sich rufen. Während er seine blankgeputzten Stiefel mit einem Taschentuch noch glänzender polierte, druckste er herum: »Hören Sie mal, ich muß Ihnen etwas sagen. Schauen Sie, ich habe das Schreiben von der Reichstheaterkammer noch hier liegen wegen dem Mädel. Sie wissen ja, daß wir heute einen bunten Abend haben. Da machen doch diese Zwerge eine Recknummer ...« Mein Vater guckte schon ganz gefährlich: »Was ist mit den Zwergen?« knurrte er.

»Das sind doch Krüppel, und so einen Anblick können wir uns Ariern nicht zumuten. Es wäre besser, wenn die nicht aufträten und Ihr Lehrmädel dafür einspringen könnte ...«

Mein Vater wurde noch zorniger: »Sie wollen wirklich, daß Ihre Leute die jüdischen Beine sehen?« fragte er. Darauf der »Goldfasan« beschwichtigend: »Aber Herr Bento, beruhigen Sie sich doch, ich zerreiße das Papier, ich weiß von nichts. Und schicken Sie nur das Mädel!«

✦

Schnell wächst Irene in ihre künftige Rolle als Schwiegertochter des alten und als Ehefrau des jungen Bento hinein, obwohl sie noch nicht verheiratet sind. Sie bemüht sich, es den beiden Männern recht zu machen, erinnert sich an die Kochrezepte ihrer Großmutter, wäscht die Wäsche im Trog, schrubbt sie mit Kernseife an dem geriffelten Bett sauber, hängt sie hinter dem Wohnwagen auf. Auch den Wagen scheuert sie gründlich, näht neue Gardinen, so daß José Bento anerkennend bemerkt: »Jetzt sieht es bei uns wie in einer Puppenstube aus, so adrett und sauber.«

Die ihr aufgezwungene Rolle der Unterdrückten, die mit der Ausgrenzung durch die Nationalsozialisten begonnen hat, akzeptiert und vertieft sie unmerklich weiter. Sie ordnet sich Vater und Sohn unter, wohl aus dem tiefen Bedürfnis heraus, zu gefallen und anerkannt zu werden. In der Bento-Truppe wird Irene der Part des Weißclowns zugewiesen. Peter bringt ihr das Saxophonspielen bei, und sie ist eine gelehrige Schülerin.

Irene Bento:

Alle Artisten und Arbeiter packten mit an, um den Zirkus fertig für die Reise zum nächsten Gastspielort zu machen. Peter war irgendwo im Gelände unterwegs. Sein Vater saß auf einem Traktor und rangierte Wohnwagen. Ich übte wie jeden Tag Saxophon. Plötzlich hörte ich ihn zu seinen Kollegen sagen: »Hört mal, hört mal, mein Schwiegertöchterlein, wie schön es spielt nach so kurzer Zeit!« Das machte mich stolz und glücklich. Akzeptierte er mich vielleicht doch allmählich?

Nun gehörte ich also zu den »3 Bentos«. Am schwersten fiel es mir, in der Manege zu sprechen, denn ich war sehr schüchtern. Als Weißclown mußt du aber sprechen. Zum Beispiel kommen Peter und sein Vater mit zwei Stühlen, einer

Gitarre und einem Akkordeon in die Manege. Sie sollen mich begleiten, wenn ich auf meiner Geige eine Melodie spiele. Weil sie sich aber so schrecklich dumm anstellen, muß ich sie ermahnen und ausschimpfen. Dann duckt sich Peter plötzlich, so als ob er Angst bekomme, rückt mit dem Stuhl hin und her, tut so, als ob er einen Floh finge. Und dann noch eine Maus. Schließlich gelingt es uns aber doch, dem Publikum ein Ständchen zu spielen.

Obwohl ich der Weißclown war, schminkte ich mich nicht weiß. Peter und sein Vater meinten, dann würde man mein hübsches Gesicht nicht mehr sehen. Und das wäre doch schade fürs Publikum. Ich trug die Kostüme meiner Vorgängerin, die ich alle enger genäht hatte, bis auf die weite Clownshose, die ich in der Taille mit einer Schnur zusammenband. Dazu trug ich eine weiße Bluse und darüber ein besticktes Bolero. Das paillettenbesetzte Weißclown-Kostüm hängte ich zunächst auf die Seite. Es war viel zu groß und zu schwer für mich. Später, als ich mein erstes Kind erwartete und mein Bauch immer runder wurde, hat es mir gute Dienste geleistet. Denn keiner durfte sehen, daß ich schwanger war.

Es gab noch ein anderes Kostüm, das ich sehr liebte. Ein Künstler hatte es bemalt, mit viel Gold und Silber auf nachtblauem Samt. Hinten auf dem Rücken war ein großer Korb voller Blumen. Darüber flatterten Schmetterlinge. Peter behauptete immer, sie seien so lebendig, daß er sie am liebsten fangen würde.

Wir Frauen beim Zirkus können fast alle nähen und stikken. Wenn das Wetter schön ist, sitzen wir meist draußen vor einem Wohnwagen zusammen, und jede hat eine Arbeit auf dem Schoß. Das ist auch nötig, denn an den Kostümen ist immer etwas auszubessern.

Mit den Bentos trat ich aber nicht nur als Clownesse auf. Von meinem Schwiegervater lernte ich, mit Hunden zu arbeiten. Er hatte Foxterrier, die besonders gelehrig sind. So warf er ein Hündchen hoch in die Luft, es schlug einen Salto und landete auf den Vorderpfoten wieder auf seiner Hand. Das machte er mehrmals hintereinander. Dann kam mein Auftritt. Ich kletterte auf seinen Kopf, stellte mich dort auf ein Bein wie eine Ballerina. So, mit mir auf seinem Kopf, stieg er über eine kleine Treppe auf einen Tisch, drehte sich um die eigene Achse, und dann ging es wieder die Treppe hinunter. Danach führte ich meine kleinen Kunststückchen vor, die ich schon als Kind meinem Großvater abgeguckt hatte: Ich schlug mehrere Salti hintereinander, flog dabei zwischen Peter und seinem Vater hin und her, die mich sicher auffingen.

✦

José Bento achtet sehr darauf, daß die beiden Verliebten nie lange allein bleiben. Für Irene hat er sein Abteil frei gemacht. Er schläft neben seinem Sohn. Und wehe, wenn der abends nicht pünktlich nach Hause kommt! Dann hört Irene nebenan sein Poltern und Schimpfen.

Irene Bento:

Aber wir haben ihn natürlich trotzdem überlistet. Ich rauchte schon damals heimlich. Das hatte angefangen, als ich bei den Carolis war. Die Mädels da rauchten alle, es war einfach schick, und ich wollte nicht abseits stehen. Ich wollte Peter, der nicht rauchte, ein bißchen necken: »Ein Mann, der nicht raucht, ist für mich kein richtiger Mann.« Das ließ er sich nicht zweimal sagen. Wir waren zwar endlich einmal allein, aber wir hatten keine Zigaretten. Da schlich er sich in den Wagen seines Vaters und klaute ihm eine Zigarre. Wir zerbröckelten sie und formten aus den Tabakkrümeln zwei Zigaretten, die wir in Zeitungspapier einrollten. Es qualmte und stank ganz fürchterlich, aber mein Peter war sehr tapfer, bis uns beiden schließlich schlecht wurde.

Peter hat das alles eingefädelt. Eines Abends führte er mich nach der Vorstellung ganz geheimnisvoll zu einem blauen Opel-Olympia, der versteckt hinten im Gelände unter einem Baum stand und Herrn Althoff gehörte. »Hier erwischt uns keiner«, sagte Peter und setzte sich neben mich auf die Rückbank. Hier haben wir uns zum ersten Mal geliebt. Ich war so verlegen, denn ich hatte überhaupt keine Erfahrung, und es war so verstohlen und so eng in unserem Liebesnest.

Daran änderte sich auch in den kommenden Jahren nicht viel. Unsere Liebe mußten wir uns immer stehlen. Sie war ein Geheimnis, das nur wenige mit uns teilten. Und sie war gefährlich.

Von Verhütung hatten wir keine Ahnung. Ich hätte heute noch mehr Kinder als meine fünf, wenn ich nicht mehrmals heimlich abgetrieben hätte. Es war jedesmal sehr schlimm.

Im Lorch-Haus war über solche Dinge nie gesprochen worden. Einmal, als Irene ungefähr acht Jahre alt war, spielte sie mit ihrer gleichaltrigen Freundin Irma Goll unten im Hof. Die wollte mit ihrem Wissen großtun und sagte: »Du, Irene, ich weiß etwas. Die Kinder kommen ja gar nicht vom Klapperstorch, die kommen aus dem Bauch.« Empört rannte Irene zu ihrer Großmuttter: »Hör doch mal, Oma, was die Irma gesagt hat, stimmt es, daß die Kinder aus dem Bauch kommen?« Und Großmutter Sessie Lorch antwortete: »Ja, Kind, vom Klapperstorch können sie nicht kommen. Aber ich erzähl' dir das später, wenn du ein bißchen älter bist.«

Da aber auch ihr Peter dafür keine Worte hatte und ihm wohl auch das Wissen fehlte, wurde Irene erst mit 32 Jahren in der Frauengarderobe des Zirkus Krone über Möglichkeiten der Verhütung aufgeklärt. Da hatte sie bereits vier Kinder zur Welt gebracht.

4 GROSSVATER JULIUS

»DU hast Besuch«, sagt der alte Bento und tut ganz geheimnisvoll. »Eine schöne blonde Dame möchte dich sprechen.«

Es ist später Herbst im zweiten Kriegsjahr 1941. Irene ist gerade mit dem täglichen Abwasch beschäftigt. Schnell zieht sie die Schürze aus, fährt sich mit ihren nassen Händen durch die Locken. »Wer soll mich schon besuchen?« denkt sie verwundert.

Doch da steht Renate Kressin schon an der Tür des Bento-Wagens. Sie muß sich bücken beim Eintreten. Irene reicht ihr gerade bis unter die Achsel, als sich die beiden Frauen herzlich umarmen.

Fräulein Kressin, wie sie von allen genannt wird, arbeitet im Büro-Wagen des Zirkus Jakob Busch, ist die rechte Hand des Direktors. Als Irene mit den Carolis bei Busch arbeitete, haben die beiden Freundschaft geschlossen.

»Wir sind gerade hier in der Nähe, da wollte ich unbedingt wissen, wie es dir geht«, sagt sie zu der Freundin. Und fügt hinzu: »Herzliche Grüße auch von den Carolis.«

Wehmütig denkt Irene an die Zeit mit den Carolis zurück. So unbeschwert wird es nie wieder sein.

»Ich habe Nachrichten von deinem Großvater«, sagt Renate Kressin. »Doch es geht ihm sehr schlecht.«

Und sie erzählt, was sie über Umwege erfahren hat.

Nachdem ihr eigener Zirkus Konkurs anmelden mußte, ging die »Lorch-Familie«, nun bestehend aus den Geschwistern Julius, Arthur, Rudi, Jeanette sowie ein paar Lehrjungen, mit ihren ikarischen Spielen auf Engagement ins westeuropäische Ausland.

Bereits 1935 wagten sie sich nicht mehr nach Deutschland zurück. Besonders Julius Lorch als Jude und Freimaurer mußte die Hetzjagd durch die Nazis fürchten. Wie viele seiner Glaubensbrüder gehörte er in dieser Zeit einer Freimaurerloge an. Diese internationale Organisation, die Anfang des 18. Jahrhunderts in England entstand, gründete sich auf Ideale wie Humanität und Toleranz. Schon früh nahmen die Freimaurer auch Juden in ihre Bruderschaft auf. In Deutschland hatten die Freimaurer durch ihr prominentes Mitglied, König Friedrich II. von Preußen, starken Auftrieb. Allerdings waren hier Juden weniger erwünscht. Besonders in katholischen Kreisen herrschte die Auffassung, daß die jüdischen Freimaurer die Organisation zur Unterminierung des Christentums und der nationalen Gesellschaft mißbrauchten. In der Weimarer Republik waren vier Prozent der 80 000 Freimaurer in Deutschland Juden. Mit der Machtübernahme durch die Nationalsozialisten wurden die Freimaurer zu Verfolgten. Es kam zu Übergriffen von NS-Anhängern auf Freimaurerlogen. Bis zum September 1935 wurden alle Logen zur Auflösung gezwungen und ihr Vermögen beschlagnahmt.

Seit sechs Jahren hat deshalb Sessie Lorch ihren Mann, Irene den Großvater nicht mehr gesehen.

✦

Julius Lorch, Irenes Großvater, geboren 1875 in Neuwied, war einer der vielseitigsten Artisten der Familie Lorch. Auf dem Drahtseil, als Reiter, Tänzer und Ikarier war er gleichermaßen Meister. Als Truppenchef führte er »The Lorch Family« mit triumphalem Erfolg um die Welt. Bei Ringling-Barnum-Bailey, dem bedeutendsten Zirkusunternehmen Nordamerikas, galten die Lorchs lange Zeit als Aushängeschild.

Als um die Jahrhundertwende die »Internationale Artistenloge« ins Leben gerufen wurde, gehörte Julius Lorch zu ihren aktiven Gründungsmitgliedern. Die IAL übernahm die Aufgaben einer Schutz- und Hilfsorganisation für Artisten rund um den Erdball. Doch ihrem Mitbegründer Julius Lorch konnte sie nicht helfen: auch sie wurde von den Nazis aufgelöst.

Zu der Zeit, als Irene bei den Carolis arbeitete, schlugen die Lorch-Artisten ihr vorläufiges Quartier in Brüssel auf. Von dort aus fuhren sie regelmäßig nach England, wo sie in Varietés auftraten. Da ihr Visum stets nur auf sechs Wochen befristet war, mußten sie immer wieder zurück, um ein neues zu beantragen.

Im neutralen Belgien fanden zunächst viele verfolgte deutsche Juden Unterschlupf. Allein 33 000, über die Hälfte der gesamten jüdischen Bevölkerung des Landes, lebten in Brüssel. Doch das änderte sich schlagartig, als Hitlers Truppen am 10. Mai 1940 Belgien, Luxemburg und die Niederlande überfielen. Jetzt begann auch hier die Judenhatz. Der deutsche Geheimdienst spürte die »Staatsfeinde« noch in ihren geheimsten Verstecken auf. Doch in der Bevölkerung gab es negative Reaktionen und sogar offizielle Proteste. Zahlreiche Juden wurden von belgischen Familien versteckt, anderen wurde die Flucht nach Frankreich oder in die Schweiz ermöglicht. Aber auch in Belgien waren die Menschen in zwei Lager gespalten. Rechtsextreme Organisationen halfen mit, Tausende deutscher Juden zu verhaften und in Arbeitslager zu deportieren. So auch die Brüder Arthur und Rudi Lorch. Die vier Lorch-Geschwister lebten zu diesem Zeitpunkt in einer gemeinsamen Wohnung in Brüssel. Eines Tages wurden Arthur und Rudi abgeholt. Jeanette war zu diesem Zeitpunkt nicht in der Wohnung.

Auch Julius Lorch blieb verschont. Als Arbeitskraft taugte er nichts mehr, seit ihm wegen einer Blutvergiftung das linke Bein amputiert worden war. Doch es war nur eine Frage der Zeit, bis auch er und seine Schwester Jeanette aus der Wohnung verschleppt würden. Sie mußten sich verstecken. Der Italiener Estifero, ein ehemaliger Artist, der in Brüssel ein Restaurant besaß, besorgte ihnen ganz in seiner Nähe eine kleine Dachkammer. Niemand in dieser Gegend wußte über ihre verborgene Existenz Bescheid.

Fräulein Kressin berichtet Irene von der Angst der Geschwister vor Nazi-Sympathisanten, die ihren Aufenthaltsort finden könnten, daß sie keinerlei Einkünfte hätten und in einer Dachkammer ohne Heizung hausten. Dazu steht noch der Winter vor der Tür.

Am Ende ihres Berichts schlägt Renate Kressin der Freundin vor: »Wenn du willst, bringe ich dich zu deinem Großvater.« Irene, so meint sie, könnte, in einem Wagen versteckt, mit dem Zirkus Busch nach Brüssel fahren und am Ende des Gastspiels von dort auch wieder mit nach Deutschland zurückkehren.

Die Halbjüdin Irene ist inzwischen genauso gefährdet wie ihre jüdische Mutter und Großmutter. Außerdem besitzt sie keinen Paß. Deswegen muß sie sich auf der Fahrt unbedingt verstecken. Direktor Jakob Busch, der die Lorchs seit langem kennt und schätzt und ihr Schicksal sehr bedauert, ist einverstanden mit der »blinden Passagierin«. Die anderen Artisten sollen nichts davon erfahren.

An einem kalten Tag im Dezember 1941 ist es

soweit. Der Zirkus Busch hat in Nürnberg seine Wagen auf einen Güterzug verladen. Irene ist mit dem Zug dorthin gefahren. Peter hat seine Irene nur ungern ziehen lassen, doch sie läßt sich durch nichts und niemanden davon abhalten, ihren geliebten Großvater nach so langer Zeit wiederzusehen. Es ist noch dunkel, als Irene an diesem frühen Morgen von Fräulein Kressin in Empfang genommen wird. Sie hat über den Wintermantel eine dicke Jacke gezogen. Unförmige Stiefel, Wollhandschuhe, Schal und Strickmütze sollen sie vor der Kälte schützen. In dieser Vermummung ist sie kaum zu erkennen. In der Hand trägt sie einen Koffer. Schnell schiebt Fräulein Kressin Irene in einen leeren Wagen, in dem die Requisiten für die Raubtiere aufbewahrt werden. Es riecht nach Raubtier. Stroh bedeckt den Boden. Es ist kalt und dunkel im Wagen.

Irene Bento:

Die Fahrt dauerte viele Stunden, vielleicht zwölf, vielleicht vierzehn. Mir erschienen sie wie eine Ewigkeit. Ich kauerte die ganze Zeit im Stroh und hielt meinen Koffer fest umklammert. Ich wagte es nicht, die Augen zu schließen. Obwohl niemand außer mir im Wagen war, hatte ich Angst, jemand könnte mir den Koffer entreißen. Ich hatte darin den Schmuck versteckt, den Mutter und Großmutter mir mitgegeben hatten. Es war alles, was sie noch besaßen. Es war ihre einzige Möglichkeit, Opa Julius und Tante Jeanette zu helfen. Sie sollten sich damit Lebensmittel und Kleidung beschaffen.

Es war später Abend, als wir endlich auf der Verladerampe eines Güterbahnhofs in Brüssel ankamen. Ich kletterte, so wie es mit Fräulein Kressin besprochen war, schnell aus dem Wagen und mischte mich unter die Menschen. Zum ersten Mal war ich allein in einer fremden Stadt, bei Menschen, deren Sprache ich nicht verstand. Ich konnte doch nur deutsch und etwas italienisch. Ich hatte zwar die Adresse von Großvater auf einem Zettel »Impasse Tête de Bœuf«, aber keine Ahnung, wo sich diese Straße in der großen Stadt befand.

Schließlich sprach ich einen alten Herrn an, der mir vertrauenerweckend schien. In seinen Augen las ich, daß er sofort wußte, wer da vor ihm stand. Er antwortete auf deutsch und erklärte mir den Weg, der quer durch die ganze Stadt führte. »Viel Glück und ein langes Leben«, sagte er leise.

Mehrmals verlief ich mich im Dunkel, traute mich aber nicht mehr, jemanden nach dem Weg zu fragen. Endlos schien mir das Gewirr der Straßen und düsteren Gassen. Es dauerte fast eine Stunde, bis ich schließlich doch ankam. Das Haus mit der Nummer eins lag in einer schmalen Gasse. Ich mußte viele Stufen bis zum obersten Stock hinaufsteigen, und dann nochmals eine Wendeltreppe erklimmen, bis ich schließlich vor der Dachkammer stand, die Opa Julius und Tante Jeanette bewohnten. Mein Herz klopfte bis zum Hals. Dann stand ich vor ihnen. Wir umarmten einander und brachen in Tränen aus. Ich hatte meinen Großvater noch nicht als Krüppel gesehen. Es schnitt mir ins Herz: mein stolzer Großvater, der verehrte Herr Zirkusdirektor – so elend, so armselig! Seine Hände, die die Holzkrücken umklammerten, waren von der Kälte aufgeplatzt und ganz blutig. Er besaß keine Hand-

schuhe. Lange konnte er gar nichts sagen, und die Tränen liefen ihm übers Gesicht.

Später erzählte er mir, daß er sich die Blutvergiftung durch Kolophonium zugezogen habe. Das ist ein Harzprodukt, mit dem Artisten damals Hände und Füße einrieben, um bei ihren waghalsigen Kunststücken zum Beispiel auf dem Trapez oder dem Hochseil nicht auszurutschen. Wenn es in eine offene Wunde gerät, kann es zu einer Blutvergiftung führen.

In der Kammer gab es keine Heizung. Durch eine Dachluke fiel spärliches Licht in den kleinen Raum. In der winzigen Küche nebenan mußten sie sich auch waschen. Es gab einen wackligen Tisch, auf dem die Kochtöpfe standen, dazu zwei Campingstühle. Unter dem schrägen Dach stand das Bett meines Großvaters, auf dem eine verdreckte Strohmatratze lag. Sie hatten keine Bettwäsche. Tante Jeanette rückte sich zum Schlafen die beiden Campingstühle zusammen. Auf der kleinen Kommode in der Ecke stand Großvaters Schreibmaschine. Sie war sein kostbarster Besitz noch aus der Zeit als Zirkusdirektor. Auf ihr hatte er seine Briefe und Offerten getippt. Als er immer einsamer wurde, unterhielt er sich manchmal stundenlang mit seiner Schreibmaschine. Doch das Papier wurde immer knapper.

Ich schlief die ganzen sechs Wochen in Brüssel auf dem Fußboden dieser Wohnung, eingehüllt in meinen Mantel. Es war bitter kalt. Nur morgens, wenn es noch dunkel war, traute sich Tante Jeanette in ein Lebensmittelgeschäft ganz in der Nähe, um etwas Brot und Kartoffeln zu ergattern. Die Kartoffeln waren halb gefroren. Manchmal kam gegen fünf in der Frühe der Franz zu uns hoch. Ich kannte ihn noch. Er war

Opas Lehrjunge gewesen. Jetzt brachte er ihm Lebensmittel in einem Rucksack.

Jeden Tag ging ich zu Fuß zum Zirkus Busch, der im Cirque Royal, einem festen Bau, gastierte. Ich half mit der Erlaubnis von Herrn Direktor Busch beim Kartenabreißen und Platzanweisen, trug dazu Kostüm und Perücke eines Rokokojünglings. Es war eine gute Tarnung. Man mußte sehr vorsichtig sein. Auch in Brüssel. Die Carolis hatten mich aber trotzdem erkannt in meiner Verkleidung. Doch wir mußten so tun, als würden wir uns nicht kennen. Das hat mich sehr traurig gemacht. Für meine Arbeit bekam ich etwas Lohn, den ich Tante Jeanette gab. Jeden Abend drückte mir meine Freundin Renate noch zusätzlich Geld in die Hand, auch mal eine Tafel Schokolade für meinen Großvater, eine Flasche Wein, Kaffee, ein Päckchen Zigaretten. Das waren für ihn Kostbarkeiten aus einer Welt, in der er nicht mehr leben durfte. Für uns Juden schien es keinen Platz mehr auf der Welt zu geben.

Trotz seines amputierten Beins, das ihn untauglich für ein Arbeitslager machte, schwebte Opa Julius in ständiger Lebensgefahr. Genauso wie Tante Jeanette. Natürlich trugen sie keinen Judenstern, der jetzt auch in Belgien angeordnet war, denn dann hätte man sie ja sofort erkannt und vielleicht verprügelt und festgenommen, denn es gab auch hier Verräter. Bis zum Einmarsch der Deutschen war mein Großvater jeden Freitag in die Synagoge gegangen, wie mir Tante Jeanette erzählte. Das konnte er nun auch nicht mehr riskieren. Doch er ließ es sich nicht nehmen, den siebten Tag der Woche zu ehren. An jedem Schabbes steckte er einen weißen Kragen in seinen schäbig gewordenen Anzug, und er sprach seine Gebete.

Von dem Geld, das mir Renate Kressin zusteckte, kaufte ich ihm Handschuhe und gefütterte Pantoffeln. Den einen zog er sofort an. Den anderen hielt er in der Hand, und ich sah ihn zum ersten Mal ein bißchen schmunzeln: »Was soll ich bloß mit dem anfangen?« fragte er mich.

Eines Abends klopfte es sehr spät an unserer Tür. Erschrokken zuckte ich zusammen. Tante Jeanette öffnete die Tür einen Spalt. Draußen stand ein großer junger Mann. Er war ganz abgemagert, seine Kleider waren schmutzig und zerrissen. Mit einem kurzen Nicken verständigten sich Tante Jeanette und Opa Julius, dann ließen sie ihn herein. Der junge Mann schleppte sich ins Zimmer, ließ sich erschöpft auf einen Stuhl fallen. Er war ein ehemaliger Artist mit Namen Jacobi. Mein Großvater kannte ihn. Woher er die Brüsseler Adresse hatte, weiß ich nicht. Aber Artisten haben schließlich immer zusammengehalten. Der junge Mann erzählte stockend, daß es ihm gelungen sei, beim Transport in ein Konzentrationslager aus dem Zug zu springen. In dieser Nacht schlief er bei uns, wir teilten das karge Essen mit ihm. Am nächsten Morgen zog er weiter auf seiner Flucht vor den Nazischergen. Wohin er ging, haben wir nie erfahren. Ich hoffe so sehr, daß er diese schreckliche Zeit überlebt hat.

Das Gastspiel des Zirkus Busch neigte sich seinem Ende zu, und es wurde Zeit, wieder nach Deutschland zurückzukehren. Tante Jeanette begleitete mich auf dem langen Weg zum Güterbahnhof. Früh am Morgen sind wir die Wendeltreppe hinuntergeschlichen. Großvater wollte oben die Dach-

luke öffnen und mir ein letztes Mal zuwinken. Dabei rutschte er aus und zerschlug mit seiner Krücke die Scheibe. Er rief mir zu, und es klang wie ein Hilfeschrei: »Auf Wiedersehen, mein Kind. Wir sehen uns bestimmt wieder.«

Doch es gab kein Wiedersehen.

Bei der Rückfahrt, wieder versteckt in dem leeren Zirkuswagen, war es noch kälter. Mein Brot und mein Tee, den ich in eine Flasche gefüllt hatte, waren nach kurzer Zeit gefroren. So sind wir nach Nürnberg gekommen. Von dort aus fuhr ich mit dem Zug nach Bietigheim, wo der Zirkus Althoff sein Winterquartier aufgeschlagen hatte.

Mein Großvater Julius ist am 11. Juni 1942 an den Folgen einer Lungenentzündung gestorben. Als wir durch Tante Jeanette von Opas Tod erfuhren, erwartete ich mein erstes Kind. Ein Leben gegen das andere. Er wurde in Brüssel auf dem jüdischen Friedhof beerdigt, heimlich in der Nacht. Aber sein Grab existiert heute nicht mehr. Tante Jeanette kam nach dem Krieg nach Eschollbrücken zurück.

5 VON BÄREN, PFERDEN UND ELEFANTEN

MARIA Althoff schiebt die Spitzengardinen am Fenster ihres Salonwagens auseinander, um die Nachmittagssonne hereinzulassen. Die junge Frau ist stolz auf ihre luxuriöse Wohnung auf Rädern, in der sie zusammen mit ihrem Mann Adolf, dem Herrn Zirkusdirektor, seit kurzem lebt. Sie hat ihre erste gemeinsame Wohnung ganz nach ihrem Geschmack eingerichtet, das Sofa mit der hohen Rückenlehne, die gemütlichen Sessel, der runde Tisch mit der Decke aus echter Brüsseler Spitze darauf, der zierlich geschwungene Sekretär, alles im Biedermeier-Stil mit glänzenden Flächen aus Walnußholz, verziert mit kunstvoller Intarsienarbeit aus dunklem Ebenholz. Der verschnörkelte Kaminofen wird mit Kohle geheizt. Dampfheizung, Bad und Toilette mit fließendem Wasser gibt es noch nicht im Zirkuswagen. Die Toiletten auf dem Gelände sind für alle Artisten da, auch für das Direktorenpaar.

Aber immerhin ist in ihrem Salonwagen ein Waschbecken mit golden glänzenden Hähnen installiert worden. Auf dem Fußboden liegt ein Perserteppich. Ein offener Durchgang führt ins Schlafzimmer. Das breite Bett, das rechts und links von einem Kleiderschrank eingerahmt ist, klappt sie tagsüber hoch, so daß der große ovale Spiegel auf seiner Unterseite und die Konsole davor schön zur Geltung kommen. Auf sie hat Maria Althoff ihre Parfumflakons gestellt. Mitten im Durchgang thront ein bronzener Elefant auf einem Sockel. Zu den Dickhäutern haben die Althoffs ein ganz besonderes Verhältnis.

Maria Althoff trägt am liebsten Dirndl, es kleidet sie, betont ihre üppige Weiblichkeit. Ihre blonden Haare hat sie hochgesteckt und mit der Brennschere in Wellen gelegt. Ihre blauen Augen strahlen Freundlichkeit aus. Jetzt huscht ein verschmitztes Lächeln über ihr Gesicht, als sie neugierig nach draußen blickt. Schau mal an, der junge Bento! War doch eben noch ein Kind. Und nun poussiert er schon mit einem weiblichen Wesen. Und was für einem! Voller Bewunderung betrachtet Maria das zierliche Mädchen mit seinen dunklen Locken, die bis zur Taille reichen. So etwas Bildschönes kann nur aus Italien kommen, denkt sie.

Am nächsten Tag sieht sie die beiden wieder, und dieses Mal halten sie sogar Händchen. Ob Peters Vater wohl weiß, was sein Junge treibt? Bei der nächsten Gelegenheit wird sie Peter nach dem Mädchen fragen.

Es sind die Tage in Pfungstadt im Juni 1941, als sich der Belgier Peter Bento in die deutsche Jüdin Irene Danner verliebte.

Ganz stolz sagt er, als die Frau des Direktors ihn nach dem hübschen Mädchen fragt: »Sie ist eine Lorch. Sie wissen doch, der große Zirkus Lorch. Die berühmten Ikarier. Aber es geht ihnen schlecht.«

»Und ich dachte, sie sei Italienerin«, wundert sich Maria Althoff. »Natürlich kenne ich die Lorchs, sie haben ja leider ihren Zirkus verloren.« Darüber, daß die Lorchs Juden sind und sie deshalb im Machtbereich der Nazis keine Existenzberechtigung mehr haben, sprechen sie in diesem Augenblick nicht. Wie viele andere Deutsche will auch Maria Althoff nicht an die beunruhigende Entwicklung denken. Sie ist damit bisher auch noch nicht direkt konfrontiert worden. Nur einmal hat sie etwas erlebt, das immer wieder wie eine dunkle Drohung vor ihr aufsteigt. Es sind Bilder, die sich ihr eingebrannt haben.

Maria Althoff:

Unser Zirkus gastierte in Hanau. Da ich starke Zahnschmerzen hatte, fuhr ich mit der Eisenbahn nach Frankfurt zu einem Zahnarzt. Der Zug zurück hatte sich verspätet. Ich war gerade auf der Toilette, als eine Stimme über den Lautsprecher ertönte: »Alles vom Bahnsteig runter, alles in die Luftschutzkeller.« Als ich aus der Toilette kam, war der eben noch volle Bahnsteig wie leergefegt. Nur ein paar Rot-Kreuz-Schwestern standen herum. Eine faßte mich am Arm: »Wo kommen Sie denn her? Sie müssen wieder runter. Schnell!« In diesem Moment fuhr ein Zug ein, und sie ließ meinen Arm los. Der Zug hielt, die Waggontüren wurden von uniformierten Männern geöffnet. Und dann quollen unvorstellbar viele Menschen heraus, ganz elende Gestalten. Es waren Juden, denn ich sah die gelben Sterne – Frauen, Männer, Kinder, auch Babys. Wer nicht schnell genug lief, wurde von den Uniformierten mit Stöcken vorangetrieben. Ich hatte mich hinter einer Säule versteckt, sah alles aus nächster Nähe. Ein Kind an der Hand seiner Mutter stolperte und fiel. Die Mutter wollte ihm aufhelfen, aber sie wurde einfach weitergetrieben, wie ein Stück Vieh. Einer der Männer packte das Kind im Nacken, hob es hoch, warf es wie eine Stoffpuppe durch die offene Tür eines Güterwaggons auf dem Bahnsteig gegenüber. In diesen Zug wurden die Menschen gestoßen, wenn sie nicht schnell genug einstiegen. Das Ganze hatte nur wenige Minuten gedauert, dann war der Bahnsteig wieder leer.

✦

Als Maria Althoff den jungen Bento fragt, was denn aus dem Mädchen wird, wenn der Zirkus weiterzieht, lächelt er nur pfiffig. Maria Althoff denkt: »Der Peter ist ein braver Junge. Und die beiden sind so verliebt ineinander, ihm wird bestimmt etwas einfallen.« Noch ist ihr nicht zu Bewußtsein gekommen, daß auch sie praktische Hilfe leisten muß, wenn sie ein anständiger Mensch bleiben will. Daß sie sich nicht länger hinter einer Säule verstecken kann wie auf dem Frankfurter Bahnhof.

Sie geht in ihren Salonwagen zurück. Es ist sechzehn Uhr. Wie jeden Nachmittag kommt pünktlich ihr Mann, um seinen Kaffee zu trinken. Adolf Althoff in seinem dunkelgrünen Trachtenanzug ist eine große, stattliche Erscheinung. Mit seinem blonden Haar und den stahlblauen Augen im schmalen Gesicht ist er das Idealbild eines Ariers, wie die Nazis sich und ihre germanische Rasse gerne sähen. Doch denen steht er geradezu feindselig gegenüber. Daß ihm seine Frau nicht mehr den geliebten Sahnekuchen zum Kaffee serviert, sondern nur eine Scheibe Brot mit etwas Butter und Marmelade, nimmt er zum Anlaß, laut über sie zu schimpfen. »Diese verdammten Kriegstreiber, wollen siegen und erobern, doch das Volk muß hungern.« Maria Althoff legt ihm beschwichtigend die Hand auf die Schulter: »Nicht so laut«, flüstert sie, »es könnte dich jemand hören.« »Ist mir völlig egal«, poltert er weiter, ohne seine Stimme zu senken, »mit denen nehme ich es allemal auf.«

Kurz vor Kriegsausbruch, im Juni 1939, heiratete Adolf Althoff die Artistin Maria von der Gathen aus der Zirkusfamilie Lemoine, nachdem er zuvor seinen eigenen Zirkus gegründet hatte. Damit verkörperte er die achte Generation einer großen Zirkusdynastie. Deren Vorfahren waren bereits in der zweiten Hälfte des 17. Jahrhunderts vom niederrheinischen Dorf Aldenhoven aus als Bankisten mit ihren von Pferden gezogenen Planwagen über Land gezogen. Damals zeigten sie, die nicht länger Bauern sein wollten, dem Volk ihre selbsterworbenen Künste als Reiter und Turmseilläufer. Bis in unsere Tage ist es üblich, daß dem Herrn Direktor die Pferde und ihre Dressur vorbehalten sind. Darin machte auch Adolf Althoff keine Ausnahme. In der fünften Generation teilte sich die Familie der Althoffs, und jeder der drei Familienzweige wurde beispielhaft für die deutsche Zirkusgeschichte.

Daß die Althoffs mit fast allen europäischen Zirkusfamilien versippt und verschwägert sind, kann nicht ausbleiben, denn überall auf der Welt treffen sich die Artisten wie ein verschworener Zirkel, verlieben sich ineinander, heiraten, setzen Kinder in die Welt. Das ist noch heute so. Da verwundert es kaum, daß auch zwischen den Lorchs und den Althoffs weitläufige familiäre Bande bestehen.

✦

Adolf Althoff kam am 25. Juni 1913 in Sulzbeck im Kreis Geldern zur Welt, im elterlichen Wohnwagen, während unterm Chapiteau nebenan gerade die Clowns durch die Manege tollten. Er hält das für ein gutes Omen.

Adolf war das zweitjüngste von acht Geschwistern. Sein Vater Dominik, der bereits im Alter von 22 Jahren den elterlichen Zirkus übernommen und ihn groß und berühmt gemacht hatte, faßte seine Kinder nicht mit Samthandschuhen an. Sie mußten bei ihm durch eine harte, aber letztendlich erfolgreiche Schule. Die Arbeit der Kleinsten begann zunächst im Ballett. Dort wurde ihnen vom spielerischen Üben bis zum systematischen Körpertraining die Grundlage für alle späteren akrobatischen Arbeiten gegeben.

Bereits mit sieben Jahren mußte Adolf Althoff zusammen mit seiner älteren Schwester Netty in der Nachmittagsvorstellung ein Menuett tanzen. Aber er tat es gern, denn damals war es üblich, daß Kinder, die im Zirkus auftraten, vom Publikum mit Süßigkeiten belohnt wurden. Im blitzschnellen Einsammeln des süßen Lohns, den die Menschen hinunter in die Manege warfen, entwickelte der junge Althoff schnell großes Geschick, denn alles, was seine kleinen Hände nicht fassen konnten, wurde hinterher von den Manegenarbeitern erbarmungslos entfernt.

Die Schule kam regelmäßig zu kurz, was den Zirkuskindern nur recht war.

Adolf Althoff:

Jeder von uns hatte ein kleines Buch, in das seine Schulbesuche eingetragen wurden. Da hieß es dann zum Beispiel: »Der Schüler Adolf Althoff besuchte vom 13. bis 15. Juni 1925 die hiesige Volksschule.«

Aber das war nur die halbe Wahrheit. Wenn der Zirkus an einem Ort ankam, bedeutete das für uns: Ab in die Schule! Doch wir schauten uns erst mal seelenruhig den Ort an. Da wir wußten, daß die Schule um zwölf aus war, gingen wir erst um elf hin. Die eine Stunde ließ sich gerade noch ertragen, zumal die anderen Kinder alles über unseren Zirkus erfahren und Freikarten von uns bekommen wollten. Wir gaben mächtig an. Und die Lehrer machten gute Miene zu unserem dreisten Spiel. Am zweiten Tag mußten wir notgedrungen zum Unterricht. Dann kam der letzte Tag. So gegen zehn meldete sich eines von uns Zirkuskindern beim Lehrer: »Wir müssen leider gehen, Herr Lehrer. Heute ist Abbau, und da muß jeder zupacken.« Die wußten natürlich nicht, daß das Zelt bereits in der Nacht abgebaut worden war, bedauerten uns arme Kinder womöglich noch, daß wir so hart arbeiten mußten. Auf diese Weise bekamen wir noch einen vollen Tag in unserem Büchlein vermerkt. Aber mit unserem Wissen haperte es gewaltig. Ich hatte nur die Sütterlin-Schrift gelernt, die im Ausland kein Mensch lesen konnte.

✦

Tierdressuren bildeten im Programm des Zirkus Dominik Althoff einen Schwerpunkt. Und wie der Herr Prinzipal bei seinen Tieren die unterschiedlichsten Fähigkeiten erspüren mußte, so sah er auch früh die Begabungen seiner Kinder. Franz, seinen ältesten Sohn und späteren Nachfolger, wies er in die Kunst der Pferedressur ein, erklärte ihm, daß hierbei das Zuckerbrot wichtiger sei als die Peitsche.

Adolf, sein zweiter Sohn, interessierte sich für alles Technische. Später, als er seinen eigenen Zirkus hatte, erfand er eine Maschine, mit deren Hilfe die schweren Anker zum Befestigen des Zeltes von einem einzigen

Mann, wo früher vier nötig waren, in die Erde getrieben werden konnten.

Wenn der Vater seinen Kindern sagte: »Morgen früh um acht sehe ich euch alle bei der Probe«, ging Adolf heimlich in der Nacht ins Zelt und machte sich an irgendeiner wichtigen Maschine zu schaffen. Am anderen Morgen fragte er scheinheilig seinen Vater: »Was soll ich tun, proben oder die kaputte Maschine reparieren?«

Mit siebzehn war Adolf Althoff für die gesamte Technik verantwortlich und außerdem Reklamechef. Als Vorauskommando klebte er im nächsten Gastspielort die Plakate auf, machte Quartier, kontrollierte den Platz, auf dem der Zirkus dann später spielen sollte. Den Lieferwagen fuhr er ohne Führerschein.

Daß er dann doch über den Umweg von Bären und Elefanten zu seinen geliebten Pferden fand, ist eine andere Geschichte, die er immer wieder gern erzählt und jedesmal mit neuen Einzelheiten ausschmückt.

Adolf Althoff:

Eigentlich hatte ich es ja auf unsere drei Bären abgesehen. Doch mit denen arbeitete bereits mein Bruder.

Eines Tages biß ihn das Braunbärweibchen Asta in die Bauchdecke. Es war nichts Lebensgefährliches, doch die Wunde mußte im Krankenhaus genäht werden.

Nach dem Unglück sagte mein alter Herr zu mir: »Mach mir die Bären fertig, ich arbeite mit ihnen.« Beim Öffnen der Maulkörbe schnappte derselbe Bär zu meiner großen Freude nach seinem Hintern. Nun war ich an der Reihe, denn diese wichtige Nummer durfte nicht ausfallen. Genau das hatte ich mir gewünscht. Bären muß man hart anfassen. Sie müssen merken, daß jemand der Stärkere ist und keine Angst vor ihnen hat, dann parieren sie. Bei Bären weiß man nie, was sie im Schild führen. Auch wenn sie so possierlich und harmlos wie Schmusetiere wirken, sind sie immer unberechenbar und gefährlich. Deswegen muß der Dompteur schneller sein als sie.

In Zirkuskreisen wurde Adolf Althoff zunächst mit seinen tanzenden Elefanten bekannt. An den Elefanten Dicki hat er besonders lebhafte Erinnerungen:

Mein Dicki und ich sind miteinander durch dick und dünn gegangen, zwanzig Jahre lang. Mit der Bahn sind wir durch ganz Deutschland, Italien und Osteuropa gefahren. Das war fast schon eine Liebesgeschichte. Wenn ich seinen Namen rief, hätten ihn keine hundert Mann aufhalten können. Dann kam er brummend angelaufen, faßte meine Hand mit seinem Rüssel und hielt sie fest. Später hat er mit seinem Rüssel den Kinderwagen gepackt, in dem unser Franzi saß, und den Wagen geschoben. Franzi hatte überhaupt keine Angst, er jubelte vor Wonne.

Und meiner Maria, die mit ihm in der Manege arbeitete, hat Dicki einmal das Leben gerettet. Auf ihr Kommando kauerte er sich nieder, und Maria, im Gewand einer indischen Bajadere, stieg auf seinen mächtigen Kopf. Wenn sie oben sicher angekommen war, reckte er sich behutsam in die Höhe, wobei er sich mit seinen Hinterbeinen auf ein Postament stellte. In diesem Augenblick machte ein Photograph eine

Blitzlichtaufnahme. Dicki zuckte zusammen, und Maria verlor das Gleichgewicht. Kopfüber stürzte sie ungefähr acht Meter nach unten. Blitzschnell umklammerte Dicki in dieser Sekunde mit seinem Rüssel ihr Bein, hob sie einen Augenblick hoch und setzte sie dann behutsam auf den Manegenboden. Das Publikum klatschte wie wild. Es glaubte an eine besonders kühne Nummer der Frau Direktor.

Dicki liebte auch seinen Pfleger Mikosch. Der durfte sogar nachts in seinem zusammengerollten Rüssel schlafen, wenn er ein Bier zuviel getrunken hatte. Doch eines Tages wurde Mikosch zum Militär eingezogen, und es kam ein neuer Tierpfleger.

✦

Die Liebesgeschichte von Maria und Adolf Althoff, die auch heute noch nicht zu Ende ist, war geprägt von den Entbehrungen zweier Weltkriege.

1908 kam Maria von der Gathen in Dortmund zur Welt, fünf Jahre früher als ihr späterer Mann. Ihre Großeltern mütterlicherseits, die Lemoines, besaßen einen kleinen Zirkus. In Dortmund erreichte die Familie 1914 der Krieg. Ihre Männer und Pferde wurden eingezogen, die Kinder, drei Jungen und drei Mädchen, spielten Soldat und Krankenschwester, die Mutter arbeitete in einer Granatenfabrik, kämpfte tapfer ums Überleben der Familie, dennoch mußten oft sieben Personen am Tag von einem kleinen Laib Brot leben.

»Wir Kinder«, erinnert sich Maria Althoff, »durften uns beim Spielen nicht schmutzig machen, denn uns allen wurde pro Woche nur ein einziges Stück Seife zugeteilt.« Fröhlich wurde es nur, wenn die Männer Weihnachtsurlaub vom Krieg bekamen. »Dann wurde Musik gemacht, es wurde gesungen und gelacht, und wir Kinder durften aufbleiben, bis wir von allein einschliefen.«

Das Kriegsende erlebte Maria zusammen mit ihrer Familie in Köln. Am Bonner Wall im Süden Kölns fanden mehrere Zirkusfamilien, darunter auch die Althoffs, vorläufiges Quartier. Die Pferde hatte das Militär zum Munitionstransport beschlagnahmt. Adolf Althoffs ältere Schwester, die später wohlbekannte Zirkusprinzipalin Carola Williams, und zwei weitere Schwestern wurden gleich mit eingezogen und lenkten Pferde und Wagen von einem Bahnhof zum anderen.

Auch Adolfs Vater Dominik wurde Soldat. Das einzige Pferd – es hieß Strolch –, das der Familie blieb, tauschte seine Mutter Adele schließlich schweren Herzens gegen Lebensmittel für ihre hungernden Kinder ein.

Als der Krieg zu Ende gegangen und Dominik Althoff unversehrt zurückgekommen war, versuchte er, seinen Zirkus wieder aufzubauen. Einer seiner ersten Wege führte ihn zum Pferdemarkt. Und dort stand Strolch und wieherte laut. Mensch und Tier hatten sich sofort erkannt. Dominik Althoff kaufte sein Pferd zurück. Später schenkte er es seinem Sohn Adolf. Die letzten Jahre seines Lebens durfte der alte Zirkusgaul im Gelände frei herumlaufen. Er kannte jeden Wagen und jeden Artisten. Eines Tages legte sich Strolch mitten in der Manege aufs Sägemehl und war weder durch gutes Zureden noch durch Zuckerwürfel zum Aufstehen zu bewegen. Weil aber Einlaß für die Nachmittagsvorstellung war, mußten ihn sechs Manegenarbeiter aufheben und hinaustragen. Kaum war die Vorstellung zu Ende, trabte Strolch wieder in die Manege, legte sich hin – und starb.

✦

Schon als zwölfjähriges Mädchen half Maria von der Gathen ihrer Mutter beim Waschen, Bügeln und Kochen. Bei den anderen Zirkusfamilien am Bonner Wall war sie wegen ihres freundlichen Wesens und ihrer Hilfsbereitschaft besonders beliebt.

Einmal besuchte sie die Althoffs. »Du kommst mir gerade recht«, sagte Adele Althoff, »paß doch ein Stündchen auf meinen Adolf auf, während ich Besorgungen mache. Ich habe gerade Pflaumenmarmelade eingekocht, und sie ist noch ganz heiß.« Adolf war ein niedlicher kleiner Junge, seine blonden Locken reichten ihm bis auf die Schultern. Er trug ein hinten geknöpften Schürzchen, so wirkte er wie ein Mädchen. Doch sein nicht zu bremsender Tatendrang war eher männlicher Natur. Natürlich hatte es ihm die verbotene Pflaumenmarmelade angetan, die für ihn unerreichbar in Gläsern auf dem Küchenschrank stand. Maria saß am Tisch und beobachtete den Kleinen. Der holte sich einen Löffel aus der Schublade und kletterte auf einen Schemel. So erreichte er tatsächlich die süße Versuchung. Tief tauchte er den Löffel in ein Glas. Doch dabei fiel es um und die heiße Marmelade lief ihm über den Arm. Vor Schreck ließ er den Löffel fallen und sprang vom Schemel. Maria wollte sich ausschütten vor Lachen, sagte aber immer noch keinen Ton. Als Adolf erneut auf den Schemel kletterte und diesmal mit der ganzen Hand in die klebrig süße Lache auf dem Schrank patschte, packte sie ihn am Nacken und schüttelte ihn kräftig. »Du weißt doch, daß du das nicht darfst«, schimpfte sie den Jungen aus, der nun laut nach seiner Mama heulte.

»Damals«, hat Adolf Althoff später gern erzählt, »bezog ich die erste Senge von meinem Weib. Aber auch später hat sie mich noch oft vor Dummheiten bewahrt.«

Erst nach einigen Jahren trafen sich die beiden wieder. Maria besuchte zusammen mit Adolfs Schwester Netty Ballettstunden, und manchmal half sie der Freundin an der Kasse. Es entging ihr nicht, daß aus dem süßen blonden Jungen von einst ein stattlicher Bursche geworden war. Aber natürlich war er viel zu jung für sie, dachte sie bedauernd. Doch eines Tages kam er zu ihr, tat ganz geheimnisvoll und sagte: »Für heute abend habe ich mir ein schönes Mädchen bestellt.« Maria lachte und sagte: »So, so, dann zeig sie mir doch mal.« Er schaute ihr frech ins Gesicht: »Gern, aber nur, wenn du heute abend mit mir ein Bier trinken gehst.« So kam es, daß aus den beiden ein Paar und aus Freundschaft ganz behutsam Liebe wurde. Adolfs Eltern sahen das nicht sehr gern. Maria war zwar eine tüchtige Artistin, die mit Pferden und Elefanten geschickt umging, aber sie kam doch aus einer recht einfachen Familie. Als der Zirkus Dominik Althoff 1937 in Paris, Moskau und Berlin gastierte, blieb Maria zu Hause und weinte über ihre verloren geglaubte Liebe.

Doch eines Tages stand ihr Adolf vor der Tür. Da hatte er gerade, nachdem seine Geschwister Carola und Franz den elterlichen Betrieb übernommen hatten, seinen eigenen Zirkus gegründet. Am 25. Juni 1939 heiratete der frischgebackene Zirkusdirektor Adolf Althoff seine Maria im Standesamt von Braunschweig, wo der Zirkus gerade gastierte. Am Abend traten sie in ihrem Zirkus auf – Maria noch in dem schwarzen Tüllkleid mit den bunten Blumenapplikationen am Ausschnitt, das sie bei der Trauung getragen hatte. Später ist sie mit ihren Elefanten und Pferden immer in großer Abendgarderobe in der Manege erschienen, wie es sich für eine Frau Zirkusdirektor geziemte.

✦

Die Althoffs gründeten ihren Zirkus in schwerer Zeit. Und trotzdem saßen die Menschen jeden Abend dichtgedrängt auf den Holzbänken unterm Chapiteau. Manchmal bildete sich schon früh um sechs eine Schlange an der Kasse, auch wenn sie erst um zehn öffnete.

Seit Joseph Goebbels von Hitler im Jahr 1933 zum Reichsminister für Volksaufklärung und Propaganda ernannt worden war, unterstand ihm die neugegründete Reichskulturkammer. Einer ihrer Zweige war die Reichstheaterkammer, die in die Fachschaften Theater, Varieté, Kleinkunst, Tanzwesen und Artistik aufgeteilt war. Kein Künstler in Deutschland, auch kein Artist oder Zirkusdirektor, durfte arbeiten, ohne dort Mitglied zu sein. Und das konnte er nur werden, wenn er seine »arische« Abstammung nachgewiesen hatte. Alle jüdischen Mitglieder im ehemaligen Fachverband des Artistengewerbes wurden gestrichen. Diese Organisation wurde im »Dritten Reich« zum wichtigen Propagandainstrument, das die Öffentlichkeit kontrollierte und manipulierte.

In der Nummer 1 vom 8. April 1934 des neuen Fachblatts »Die Artistenwelt« hieß es:

». . . eine der wichtigsten Aufgaben ist die Säuberungsaktion, die dem artistischen Berufsstand längst not tut. Wenn erst der ganze Berufsstand von allen Schlacken und Fremdkörpern befreit sein wird, die jetzt so drückend auf dem wirtschaftlichen und kulturellen Niveau des Berufslebens liegen, wenn all die

Elemente beseitigt sind, die nur eine Belastung des Arbeitsmarktes, vor allem aber auch des ständischen Ansehens des ganzen Berufes bedeuten, dann sind auch die Voraussetzungen zum Wiederaufblühen des Wirtschafts- und Kulturlebens in der artistischen Kunst gegeben.«

Und um zu betonen, daß das wiedererwachte Interesse an den zirzensischen Künsten von höchster Stelle ausging, wurde in der gleichgeschalteten Presse berichtet, daß die große Vorliebe des Führers für die Artistik aus seinem wiederholten Besuch des Berliner »Wintergartens« und der »Scala« hervorgehe.

Demonstrative Zirkusbesuche von Nazibonzen nahmen zu, die Partei würdigte immer häufiger in ihrem Sinne engagierte Direktoren, die nun keine jüdischen Artisten mehr beschäftigten.

Die Bedeutung des Zirkus für das deutsche Volk wuchs mit der zunehmenden aggressiven Außenpolitik seiner Machthaber. »Mehr als sonst in ruhigen Zeiten gilt es, dem schwer arbeitenden Volk Entspannung, Frohsinn und Freude zu bieten, um ihm das Durchhalten zu erleichtern«, hieß es im Fachblatt »Die Deutsche Artistik« vom 17. September 1939.

Die Zirkusdirektoren versuchten auf verschiedene Weise, sich mit den Machthabern zu arrangieren. Der vielgelobten Toleranz unter den Artisten, was Herkunft, Hautfarbe und Religion betraf, wurde es schwergemacht. Einige Direktoren zogen sich rechtzeitig aus dem Geschäft zurück, andere gingen auf ausgedehnte Auslandstournee, die meisten aber wählten die »Flucht nach vorn«, indem sie der Partei beitraten.

Adolf Althoff war die große Ausnahme. Solange es noch irgendwie möglich war, beschäftigte er jüdische Artisten in seinem Zirkus, trennte sich keinesfalls freiwillig von ihnen. Althoff gelang der Drahtseilakt, seinen immer wieder geforderten Eintritt in die Partei bis zum Kriegsende hinauszuzögern und trotzdem als Zirkusdirektor bei den NS-Machthabern in gutem Ansehen zu stehen.

Andere Direktoren hingegen demonstrierten öffentlich ihre Sympathie für die Herrschenden: zum Beispiel Xaver Brumbach, der alle seine Söhne in SA-Uniform steckte und sich so mit ihnen fotografieren ließ; oder Emil Wacker, Schwiegersohn und Mitdirektor von Paula Busch, der 1942 in Breslau seinen eigenen Zirkus »Apollo« gründete; Hans Stosch-Sarrasani junior, der schon in Südamerika lautstark in den antisemitischen Chor einstimmte und dies nach seiner Rückkehr mit allen Mitteln der Propaganda fortsetzte. Dabei hatte sein eigener Vater, der Sarrasani-Gründer, immer wieder Juden eingestellt, hatte viele leitende Positionen mit Juden besetzt, darunter auch einen Lorch und einen Strassburger; und der Freund, der ihm die Augen zudrückte, als er 1934 in Sao Paulo starb, war ein Jude.

Krone, Hagenbeck und Paula Busch hielten sich in der Öffentlichkeit mehr zurück, ohne sich jedoch außerhalb des Gleichschritts zu bewegen. Über einflußreiche Freunde reichten ihre Verbindungen bis in die Parteispitze.

(Informationen über den Zirkus in der NS-Zeit aus »Taschenbuch der Künste – Zirkusgeschichte« von Günther/Winkler, Henschel Verlag, Berlin 1986)

Kein einziges jüdisches Zirkusunternehmen, und fühlte es sich noch so deutsch, überlebte in seinem Vaterland, das den Antisemitismus mit den Nürnberger Gesetzen zur Staatsdoktrin erhoben hatte. Neben den früh gescheiterten Lorchs traf es auch so traditionsreiche Zirkusfamilien wie die Strassburgers und die Blumenfelds. Die meisten Blumenfelds, bekannte Dresseure, wurden in Konzentrationslager verschleppt und ermordet. Mit neun ihrer zehn Kinder fand die Witwe Rosa Blumenfeld 1944 im Konzentrationslager Theresienstadt den Tod. Nur ihr Sohn Arthur überlebte den Holocaust. Als »Juden-Zirkus« wurde der Zirkus Strassburger von SA-Trupps und ihren Sympathisanten so lange verhöhnt und boykottiert, bis sein Direktor Carl Strassburger schließlich seinen Zirkus im August 1935 weit unter seinem Wert an Paula Busch verkaufte. Er selbst und weitere Familienmitglieder überlebten in Belgien und Holland. Doch der deutsche Zirkus Strassburger war für immer tot. Genau wie der deutsche Zirkus Lorch.

6 DAS KIND DER CLOWNESSE

ADOLF Althoffs Zirkus gedieh vom ersten Tag seiner Gründung an. Er hatte sechzig Mitarbeiter und besaß vierzig Wagen, die er teilweise neu gekauft, teilweise aus dem Bestand des väterlichen Betriebs übernommen hatte. Alle waren in den traditionellen Althoff-Farben grün und weiß gestrichen. Der ganze Zirkus glänzte frisch und sauber. Der Chef persönlich hob jeden Papierschnipsel auf, den Zuschauer achtlos weggeworfen hatten. Auch seine Mitarbeiter hielt er zu Sauberkeit und Ordnung an. Nie hätte er erlaubt, daß an einem heißen Sommertag ein Artist mit nacktem Oberkörper oder gar eine Artistin im Badeanzug über das Gelände gelaufen wäre. Er selbst ging mit gutem Beispiel voran, trug stets Anzug und Krawatte. Nur beim Proben in der Manege wechselte er seine Jacke gegen einen Pullover.

In den Pferdeboxen standen sechsundzwanzig edle

Rösser, die Dickhäuter Cilly, Buba und Dicki waren im Elefantenstall, die Bären in Käfigen untergebracht. Das Viermastzelt, das rund tausend Zuschauern Platz bot, hatte Althoff bei der Zeltfirma Strohmeyer in Konstanz anfertigen lassen. Im Frühjahr 1939 hatte der Zirkus Adolf Althoff in Trier Premiere gefeiert. »Meine gesamte Barschaft bestand noch aus 50 Mark. Das war verdammt wenig für einen Unternehmer!« erinnert sich Adolf Althoff. »Die ersten drei Tage in Trier waren restlos ausverkauft, und die fünfzig Mark vermehrten sich schnell. Doch zu kaufen gab es wenig für das Geld. Für jedes Stück Holz mußte ich aufs Amt und einen Bezugschein holen. Dann kam auch noch jemand kontrollieren, ob das unbedingt erforderlich war.«

Der Zirkus war weitergezogen nach Prüm in der Eifel. Dort hatten sie gerade aufgebaut, als ein heftiger Gewittersturm aufkam und ganze Bahnen aus dem neuen Zeltdach riß. »Bis das Zelt wieder repariert war, spielten wir unter freiem Himmel. Wir wurden zwar etwas naß, doch die Zuschauer hatten ihre Regenschirme aufgespannt und harrten aus bis zum Schluß«, erzählt Althoff weiter von den Anfängen seines Zirkus.

Die Anordnungen und Verbote, von der Reichstheaterkammer diktiert, wurden immer strenger. Den Juden war es längst verboten, an »Darbietungen der deutschen Kultur« teilzunehmen. Und das galt auch den Zirkusartisten. Die jüdischen traf es zuerst. Aber bald durften auch keine »Neger- und Negermischlinge« mehr auftreten. Auch »artfremde Musik, soweit diese von Juden oder Negern stammt oder diese nachahmt«, wurde aus dem Zirkus verbannt, genauso wie »artfremde Kostüme«. Leichtgeschürzte Artistinnen im knappen Trikot waren genauso verpönt wie die Baströckchen afrikanischer Tänzerinnen oder die Federpracht amerikanischer Indianer.

(Zitiert aus »Taschenbuch der Künste – Zirkusgeschichte« von Günther/ Winkler, Henschel Verlag, Berlin 1986)

Trotzdem gelang es Adolf Althoff, ein beachtliches Programm auf die Beine zu stellen.

Einer der Höhepunkte war seine Pferde-»Freiheitsdressur« mit vier Trakehnern und acht Pinzgauern. Ein klassischer Zirkus-Akt, bei dem die Pferde ohne Sattel und Zaumzeug in die Manege laufen. Als gäbe es die Menschen ringsum nicht, hören sie nur auf die leisen Kommandos und die Gesten ihres Dresseurs. Sie tänzeln, galoppieren und springen im Gleichklang – ein Bild voller Harmonie und Natürlichkeit. Außerdem zeigte Althoff seine »Römischen Spiele«. Im rotgoldenen Lederwams ritt er, stehend auf zwei Pferden, in scharfem Tempo in die Manege. Ein drittes Pferd galoppierte noch zwischen den beiden anderen. Seine Frau Maria führte in dieser ersten Saison zum Entzükken der Zuschauer das seilspringende Pony Kalif vor. Das vierzehnköpfige Orchester leitete Franz Rokosz, der Mann von Adolfs Schwester Minna.

Die Ben-Behee-Truppe aus Marokko, neun muskulöse junge Männer, baute Menschenpyramiden. Zu ihnen gehörte Mohamed, der beste Freund von Peter Bento.

Hinter der im Programm geheimnisvoll angekündigten Nummer »Blondes Mysterium – Deutschlands bestbekannte Wasser-Illusion« steckte das Berliner Ehepaar Franz und Fränze. Sie waren die einzigen seiner Angestellten, mit denen sich Althoff duzte. Als Direktor ging er mit solchen Vertraulichkeiten sehr sparsam um.

Als Althoff seinen Zirkus gründete, hatte ihm Franz sein gesamtes Erspartes als Startkapital angeboten: 5000 Mark waren damals viel Geld für einen Zirkusartisten. »Eine noble Geste. Er wußte genau, wie schwer es war, einen Zirkus in so schwierigen Zeiten aufzubauen. Glücklicherweise habe ich das Geld nie gebraucht.«

Althoff war auch der einzige, dem Franz und Fränze ihre Wasser-Illusion verrieten. »Zaubernde Artisten achten ja eifersüchtig darauf, daß niemand ihre Tricks durchschaut, nicht einmal der Chef soll sie kennen. Doch ich trieb mich so lange bei ihnen herum, beobachtete sie bei den Proben, machte sie mit meinen Fragen mürbe, bis ich schließlich Bescheid wußte. Aber ich behielt das Geheimnis für mich. Das ist Artistenehre! Nie werde ich verraten, wie es Franz mit Fränzes Unterstützung schaffte, hundert Liter Wasser in einem großen Faß in Wein zu verwandeln. Vielleicht war's ja ein Wunder – wie einst bei Jesus.«

Franz war Parteimitglied und von den Nazi-Behörden als Betriebsobmann bei Althoff eingesetzt, um dort für Ordnung zu sorgen und etwaige Verstöße zu melden. »Das hat uns später sehr geholfen, denn Franz und Fränze standen ganz auf unserer Seite.«

Im Althoff-Programm der Saison von 1941 waren auch »Los Rosarios aus Belgien, equilibistrischer Akt, eine Dame, ein Herr, ein Hund« und »Drei Bentos, Belgien, Musikal-Clowns und Parodisten von Weltruf« angekündigt. Hinter beiden steckten José und Peter Bento und ihre neue Partnerin Irene Danner.

Wenn Irene trotz ihrer Verliebtheit und weit weg von den Demütigungen von Eschollbrücken doch wieder von quälenden Träumen heimgesucht wird, tröstet sie Peter: »Du bist die beste Clownesse, die wir jemals hatten. Die Zuschauer lieben dich.« Dann sagt sie traurig: »Ja, weil sie nicht wissen, daß ich eine Jüdin bin.«

Eines Tages stellt Irene fest, daß ihre Clownshose in der Taille spannt. Daß sich ihre zarten Brüste runden. Und ihre Periode ist auch seit Wochen ausgeblieben. Trotz ihrer Unerfahrenheit weiß sie, daß sie schwanger ist. Welche Schande! Sie ist nicht verheiratet! Ihr Peter hat zwar immer wieder bei verschiedenen Standesämtern versucht, das Aufgebot zu bestellen, doch das scheiterte regelmäßig am fehlenden Arier-Nachweis seiner Verlobten. Im Aufgebotsbuch der Gemeinde Eschollbrücken findet sich folgender Eintrag:

»Storms, Peter, Artist und Danner, Irene, Artistin

Aufgebot 18.11. – 4.12.1942. Vermerk: Trauung nicht gestattet.«

Der Eschollbrücker Bürgermeister Kistinger hatte die Trauung verhindert, weil er Irenes Abstammung genau kannte. In regelmäßigen Abständen mußte er dem Kreisamt Meldung erstatten, wieviele Juden und Mischlinge der verschiedenen Grade sich noch in seiner Gemeinde befanden. Er kam seiner Pflicht mit Eifer nach.

Maria Althoff, die Irene in ihr Herz geschlossen hat, sieht natürlich sofort, was mit »der kleinen Italienerin« los ist. Das arme Wesen, denkt sie. Heimlich steckt sie Irene frisches Obst zu, manchmal auch Kaffee und Schokolade, alles, was sich so hintenherum organisieren läßt. Dieses Mal weiht sie ihren Mann nicht ein – das ist Frauensache.

Jetzt kommt Irene das Kostüm des Weißclowns gerade recht. Die Pailletten, dieses aufgenähte Glitzern aus einer Welt der Fantasie, lenken von ihrem runder werdenden Bauch und auch ein bißchen von ihren Sorgen ab.

In den schwülen Augusttagen des Jahres 1942 gastiert der Zirkus Althoff mitten in Mainz. Doch die Stadt ist von der englischen Luftwaffe in diesem vierten Kriegsjahr zum Ziel eines großangelegten Bombenangriffs bestimmt worden.

Am 11. August 1942 wird im Apollotheater von

Mainz Willi Forsts Film »Wiener Blut« gespielt, im Ufa-Palast ist Zarah Leander in »Die große Liebe« zu sehen. In den Gaststätten vergnügen sich Soldaten auf Heimaturlaub. Auf dem Halleplatz, der nun Adolf-Hitler-Platz heißt, gastiert der Zirkus Althoff. Vorstellungen sind um 15 und um 19.45 Uhr. Das Programm steht unter dem Motto »Tradition verpflichtet«. Mittwoch, der 12. August ist »Unwiderruflich letzter Tag«, wie die Plakate in der Stadt verkünden.

Am Abend des 11. August ist die Verdunkelung für 22.03 Uhr angeordnet. Drei Stunden später, um 1.15 Uhr, heulen die Sirenen. Eine gute halbe Stunde später fallen die ersten Phosphorbomben auf das Stadtzentrum. Eine riesige Feuersbrunst breitet sich aus, Löschversuche sind sinnlos. Ganze Straßenzüge werden zerstört. Viele Menschen werden verletzt, getötet, verschüttet.

Die erste Brandbombe, die den Zirkus trifft, kann Adolf Althoff geistesgegenwärtig mit einem Sandsack ersticken. Im Zirkus müssen immer Sandsäcke vorhanden sein, das ist eine Auflage der Baubehörde. Dann schlägt in unmittelbarer Nähe eine Sprengbombe ein. Die Druckwelle reißt das Elefantenzelt und einen Wagen fort. Angstvoll trompetend suchen die Dickhäuter das Weite. Trotz des Bombenhagels gelingt es Adolf Althoff und einigen mutigen Mitarbeitern, zu denen auch Peter Bento gehört, die Tiere wieder einzufangen und unverletzt zurückzubringen. Zusammen mit einem Strom von Flüchtlingen versucht auch der

Zirkus Althoff, aus der Stadt herauszukommen, die zur Falle geworden ist. Die Elefanten ziehen die Wagen zum Güterbahnhof.

Doch dort erwartet sie in der darauffolgenden Nacht das nächste Inferno.

Adolf Althoff:

Als der zweite Großangriff kam, waren wir gerade dabei, unsere Wagen auf einen Güterzug zu verladen. Einige befanden sich dank der Geistesgegenwart des Bahnhofsvorstehers schon außerhalb des Bahngeländes auf freier Strecke. Darunter Gottseidank auch die Wagen mit unseren Tieren. Wie durch ein Wunder wurden keine Menschen getötet oder verletzt, als die Bomben den Bahnhof trafen.

Unser Salonwagen und alles, was wir darin hatten, verbrannte. Eine Bombe traf den Wagen der Bentos.

Irene hat wohl, bedingt durch die Erlebnisse ihrer frühen Jugend, ein Gespür für kommendes Unheil. Als die Sirenen losheulen, hat sie bereits eine kleine Tasche gepackt, darin eine mit Tee gefüllte Thermoskanne. Irene, Peter und der alte Bento rennen los zum nächsten Bunker. Die Althoffs kommen dort im letzten Moment an. Maria Althoff trägt nur ihr Nachthemd.

Irene Bento:

Herr Althoff wollte unbedingt seinen Salonwagen retten. Vergeblich – er kam gerade noch mit dem Leben davon. Wir ließen alles stehen und liegen. Stundenlang saßen wir im

Bunker. Das Baby strampelte wie verrückt in meinem Bauch. Von oben regnete es Steine und Staub. Wir bekamen kaum noch Luft. Es waren auch andere Artisten da. Ich bat alle um ihre Taschentücher und feuchtete sie mit dem Tee an. Wir hielten sie uns vor Mund und Nase.

Als wir wieder herauskamen, brannte unser Wagen wie ein Scheiterhaufen. In unserer Panik hatten wir unsere kleinen Hunde zurückgelassen. Der Anblick der armen toten Tiere war schrecklich. Sie lagen auf dem Rücken, die Beinchen nach oben. Sie waren ganz schwarz. Ich mußte an meinen ersten eigenen Hund denken, den die Nazis erschossen hatten. Ich fühlte mich schuldig.

Auf den verbogenen Gleisen standen noch Transportwagen voller Wein und Spirituosen. Die Flaschen platzten durch die Hitze, so daß es klang, als ob geschossen würde. Ein Dunst von Alkohol lag über dem ganzen Bahnhof. In einem anderern Waggon waren die rohen Eier regelrecht gekocht. Wir aßen davon und sie waren genießbar, schmeckten nur ein bißchen nach Rauch.

Es ist der einzige Bombenangriff, in den der Zirkus Althoff während des ganzen Krieges gerät. Doch der Terror gestattet keine Pause. Die Show muß weitergehen, das Publikum und das Regime wollen es so. Die Menschen suchen Abwechslung von den alltäglichen Nöten des Krieges, von Lebensmittelknappheit und Fliegeralarm. Die Machthaber versuchen, sie mit so harmlosen Vergnügungen von der grausamen Wirklichkeit abzulenken.

Irene ist jetzt im sechsten Monat schwanger. Eines Tages nimmt Franz, der Betriebsobmann, sie auf die Seite. Ganz behutsam sagt er: »Sie wissen, daß Sie unter Mutterschutz stehen. Sie dürfen jetzt nicht mehr arbeiten. Machen Sie sich und uns doch keine Schwierigkeiten.«

Es ist eine gutgemeinte Warnung an die Jüdin, und Irene versteht sie.

Peter und sein Vater verlieren die Partnerin. Der alte Bento ist eher erbost in der Art eines Chefs, der seine tüchtige Mitarbeiterin freigeben muß. Peter weiß nun auch keinen Rat mehr. Er tröstet seine Irene damit, daß er immer zu ihr halten und sie so oft wie möglich besuchen wird. Und daß sie ganz bestimmt bald heiraten würden. Er werde schon einen Weg finden!

Schweren Herzens kehrt Irene ins Haus der Großeltern nach Eschollbrücken zurück.

Irene Bento:

Es war ein furchtbares Gefühl, wieder dort zu sein, wo ich so viel Schlimmes erlebt hatte. Ich wagte mich kaum aus dem Haus. Als ich es doch einmal tat, warfen Schuljungen mit Steinen nach mir. Von meinen früheren Freundinnen sah und hörte ich längst nichts mehr. Doch Mutter und Großmutter freuten sich auf mein Baby. Also tat ich es auch.

Der »arische« Arzt Dr. Casdorff, der unsere Familie seit vielen Jahren kannte und betreute, war ein lieber Mensch. Er hatte seine Praxis in Darmstadt. Als das Radfahren zu beschwerlich wurde, fuhr ich mit dem Bus zu ihm, immer in der Angst, daß man mich erkennen und hinauswerfen würde, denn nun war es Juden auch untersagt, öffentliche Verkehrsmittel zu benutzen. Unser Hausarzt sagte mir, daß ich mein Kind nicht normal bekommen könne, weil es zu groß sei für meinen kleinen Bauch und sich deswegen den bequemsten Platz gesucht habe. Gegen Ende der Schwangerschaft kam er sogar in unser Judenhaus. Er setzte sich über jedes Risiko hinweg, das er damit einging. Aber helfen konnte er mir trotzdem nicht. Er riet mir, zur Entbindung ins Darmstädter Krankenhaus zu gehen. Dort würde mein Kind mit Kaiserschnitt entbunden werden. Er hatte wohl wirklich keine Ahnung, was mich dort erwarten würde ...

Kurz vor Weihnachten, am 20. Dezember 1942, war es so weit. Ich fuhr mit dem Bus nach Darmstadt. Niemand begleitete mich. Mein Vater war im Krieg, meine Mutter und Großmutter trauten sich nicht in die große Stadt. Sie hatten gehört, daß dort die Juden regelrecht gejagt wurden. Der Zirkus hatte seine Saison beendet, und Peter war mit seinem Vater auf Engagement im Ruhrgebiet. Kaum hatte ich im Bus einen Sitzplatz gefunden, schnauzte mich eine junge Frau an: »Steh auf, Jud'sche.« Der Emfang im Krankenhaus war demütigend. Jeder duzte mich, jeder gab mir Befehle. Später erfuhr ich, daß unser Eschollbrücker Bürgermeister Kistinger, ein hundertprozentiger Nazi, in der Klinik angerufen und mich dort als Jüdin angekündigt hatte. Ich weiß bis heute nicht, woher er wußte, daß ich an diesem Tag in die Klinik fuhr.

So elend und einsam hat sich Irene noch nie gefühlt. Da ist niemand, der ein tröstendes Wort für sie findet. Sie muß dankbar sein, daß man sie überhaupt aufgenommen hat. Man hätte sie auch abweisen können. Der Chefarzt der Klinik flößt ihr große Angst ein. Meist läuft er in seiner Uniform über die Klinikflure. Dabei knallen seine Stiefel laut wie Peitschenhiebe auf den steinernen Boden. Er ist hier der Herr über Leben und Tod. An seinen Namen kann sich Irene nicht mehr erinnern, wohl aber an die lange Narbe, die seine linke Wange wie zweigeteilt erscheinen läßt. Grob tastet er ihren Bauch ab, und als sie vor Schmerzen stöhnt, brüllt er: »Stell dich nicht so an, sei lieber froh, daß dir geholfen wird!«

Irene Bento:

Mein Sohn Peter kam am 21. Dezember 1942 gegen Mittag zur Welt. Wir Artisten sind es gewohnt, mit kleinen Verletzungen und Schmerzen zu leben. Darüber verlieren wir kein Wort. Doch diese Schmerzen waren unvorstellbar. Ich weiß nicht, wie ich sie ertragen habe. Vielleicht bin ich ohnmächtig geworden. Als sie mit einer Zange in mich drangen und die Fruchtblase sprengten, schrie ich vor Schmerzen. Ich weiß nicht, warum sie das getan haben, denn das Kind konnte oder wollte vielleicht noch nicht von allein aus mir heraus. Dann erklärte mir der Arzt, daß er jetzt einen Kaiserschnitt vornehmen werde, aber mit dem Äther sehr sparsam umgehen müsse. Man brauche die Betäubungsmittel dringender für die verletzten tapferen Soldaten als für eine schwangere Jüdin.

Ich spürte, wie sie meinen Bauch aufschnitten und das Kind herausholten; Klammern hielten ihn danach notdürftig zusammen.

Ich bekam eine Wundinfektion. Alles entzündete sich, die ganze Bauchhöhle war vereitert. Niemand gab mir etwas gegen die wahnsinnigen Schmerzen. Viele Tage lag ich im Fieberwahn, aus einem Loch in meinem Bauch quoll der Eiter. »Die Jud'sche stinkt nach draußen«, sagten die Schwestern. Der Durst quälte mich am meisten. Auf dem Tisch stand eine Wasserflasche, doch niemand gab mir ein Glas zu trinken. Meine Kräfte reichten nicht bis zum Tisch. Das einzige, was ich zu fassen bekam, war eine Schüssel mit Desinfektionsmittel, die neben meinem Bett stand. Ich habe sie leergetrunken.

Einmal gab es Fliegeralarm. Während die Sirenen laut heulten, wurden die anderen Patienten hastig in den Keller getragen. Zu mir sagte die Schwester nur: »Los, Jud'sche, steh auf und geh nach unten.« Und als ich nicht schnell genug hochkam aus meinem Bett: »Oder bleib, wo du bist.«

Außer dem Oberarzt arbeiteten auf meiner Station noch zwei junge Ärzte – ein Ehepaar. Einmal kam der Mann in mein Zimmer, nahm tröstend meine Hand und sagte: »Ich besorge Ihnen etwas gegen das Fieber und die Schmerzen.« In diesem Moment kam seine Frau herein. Sie wurde sehr böse, beschimpfte abwechselnd ihren Mann und mich, die Judenschlampe. Darauf verließ er wortlos das Zimmer. Nie mehr hat er danach ein Wort an mich gerichtet.

Ich kann mich nicht daran erinnern, daß ich mein Kind gestillt habe. Und auch nicht, wie es aussah. Schmerzanfälle,

Fieber und eine große Schwäche beherrschten mich völlig. Daß mein Kind auf der Welt und wohl auch gesund war, interessierte mich nicht in diesen Tagen. Nur einmal, in einem klaren Moment, bekam ich mit, wie die Schwester hereinkam mit einem Baby auf dem Arm. Grob drückte sie es mir an die Brust. »Da hast du deinen Judenbalg«, sagte sie verächtlich.

Erst nach sechs Wochen konnte ich mit meinem Kind das Krankenhaus verlassen. Ich war so schwach, daß ich kaum gehen und das Baby tragen konnte. Aber es war gesund und munter. Ein kräftiger Junge, der bei seiner Geburt achteinhalb Pfund gewogen hatte. Ein Wunder!

Die geklammerte Bauchdecke war von allein zusammengewachsen. Eine häßliche, gezackte Narbe zog sich von den Schamhaaren bis zum Magen. Selbst mein Mann durfte meinen zerschnittenen Bauch nicht ansehen, so sehr schämte ich mich. Nach dieser Geburt konnte ich nie mehr richtig akrobatisch arbeiten, die Bauchmuskeln waren völlig kaputt.

Peter Bento:

Als mein Sohn geboren wurde, arbeitete ich mit meinem Vater in einem Kabarett in Hamm. Wegen der vielen gefallenen Soldaten bei der Schlacht um Stalingrad wurden alle Vergnügungsbetriebe für drei Tage geschlossen. So konnte ich mit dem Zug von Hamm nach Darmstadt fahren, um Irene und unseren Sohn zu sehen. Die Fahrt dauerte viele Stunden. Wenn die Flugzeuge der Alliierten über uns kreisten, stoppte der Zug, und wir rannten alle hinaus ins Freie und warfen uns in ein Gebüsch oder auf eine Wiese.

Schließlich kam ich heil im Krankenhaus an. Ich fragte eine Schwester nach meiner Irene und sie antwortete: »Immer dem Gestank nach.« Erst als ich vor Irene stand, begriff ich, was die Schwester mit ihrer zynischen Bemerkung gemeint hatte. So muß es in einem Lazarett voller sterbender Soldaten riechen. Aber es war nur eine einzige Frau. Meine kleine Irene. Ich mußte weinen, als ich sie sah. Sie hatte keine Tränen mehr. Ihr Mund war rauh und aufgerissen. Ihre Sternenaugen funkelten nicht mehr.

Peter muß am nächsten Tag wieder zu seinem Vater, der ungeduldig auf ihn wartet. Irene geht mit ihrem Kind ins Eschollbrücker Haus zurück. Ihre Großmutter Sessie kann sich nicht sattsehen an dem kleinen Peter. Es ist der Erstgeborene, der Bechor, der Auserwählte. »So ein schönes Kind«, sagt sie wieder und wieder, »und so große Augen hat es. Es wird Glück haben im Leben, das spüre ich.« Ganz zaghaft singt sie ein Wiegenlied für den kleinen Peter.

7 DER 7. MÄRZ 1943

DAS Lorch-Haus in Eschollbrücken ist Anfang des Jahres 1943 wieder voller Leben. Seine Bewohner wollen die Gefahren der Außenwelt nicht hineinlassen. Eine Zeitlang fühlen sie sich sicher in ihrer selbstgewählten Isolation. Sie sind durch das Baby von Irene und Peter abgelenkt. Es kräht fröhlich und entwickelt sich prächtig. Irene, der so vieles genommen wurde, hält nun ihren eigenen kleinen Schatz im Arm. Peterle nennen sie ihn alle. So oft er kann, kommt der junge Vater Peter Bento zu Besuch. Er möchte seine Irene und sein Kind so schnell wie möglich wieder mitnehmen in den Zirkus. Doch Irene ist noch zu schwach. Wenn Peter sie in den Arm nehmen will, zuckt sie zusammen und beginnt zu weinen. »Komm, lach doch wieder«, fleht er. Doch sie weint nur noch heftiger. Zu der schwierigen Umstellung von der Schwangeren zur Mutter kommt ihre Angst vor der ungewissen

Zukunft. Pläne kann sie überhaupt keine machen. Sie glaubt nicht mehr daran, jemals ein ganz normales Familienleben mit ihrem Peter führen zu können.

Die Großeltern Alice und Hans Danner dagegen sind selig über ihr Enkelkind. Doch auch sie reden nicht über die Zukunft. Irene, die von ihnen nie viel Liebe bekommen hat, lernt Vater und Mutter nun von einer ganz neuen Seite kennen.

Irene Bento:

Mein Vater und meine Mutter waren ein richtiges Turtelpaar. Sie wirkten immer wie zwei Frischverliebte. Mama war eine schöne und elegante Frau, die sich viel mit ihrer Schönheit beschäftigte und mit den Reaktionen der Männer auf diese Schönheit. Da waren die Töchter eigentlich nur im Weg. Gerda und ich sahen unsere Eltern nicht oft, denn sie reisten mit dem Zirkus, während wir in der Obhut von Großmutter Sessie blieben. Sie ist unsere wahre Mutter gewesen. Zwischen meinen Eltern und mir gab es wenig Wärme. Das war eine kühle Angelegenheit – bis ich selbst Mutter wurde.

Als ich ihr meine Schwangerschaft gestanden hatte, hatte mich Muttel in den Arm genommen und gesagt: »Aber Kind, das wußte ich doch bereits.« Niemals haben mir die Eltern vorgeworfen, daß mein Kind unehelich auf die Welt gekommen ist. Bestimmt erinnerten sie sich, wie es bei meiner Geburt war. Einmal allerdings, als ich mein drittes Kind erwartete, meinte mein Vater, und es klang etwas verächtlich: »Dann mach dir doch deinen Hasenstall voll.«

Vater war nun auch wieder zu Hause, hatte seine Uniform

endgültig ausgezogen. Aber nicht ganz freiwillig. Er hatte zunächst in Afrika, später in Rußland für sein sogenanntes Vaterland gekämpft. In Afrika wurde er verletzt und bekam dafür einen Orden. Weil er sich dort eine Malaria eingefangen hatte, die aber erst in Rußland ausbrach, wurde er im Juli 1942 auf Erholungsurlaub in die Heimat geschickt. Gerda und ich waren selig. Er fing auch sofort wieder an, bei Adolf Althoff auf dem Hochseil zu arbeiten.

Was wir Kinder damals nicht wußten: Vater sollte sich von seiner jüdischen Frau trennen und dann wieder ins Feld zurückkehren. Doch da kannten sie meinen Vater schlecht. Nie, nie hätte er sich von der Frau scheiden lassen, die er so sehr anbetete. Es dauerte nicht lange, bis Vater als Artist aus der Reichstheaterkammer ausgeschlossen wurde. Er war nun als Mann einer Jüdin politisch nicht mehr tragbar und durfte folglich nicht mehr arbeiten. Adolf Althoff hat ihn dennoch beschäftigt, jetzt aber hinter den Kulissen, als Elektriker.

Ganz anders hat sich die Frau meines Onkels Egon Lorch verhalten. Aber heute glaube ich, daß sie sich nur deswegen von ihm scheiden ließ, um das gemeinsame Kind zu schützen. Daß sie ihn all die Jahre weiter liebte, obwohl er vielleicht einen anderen Eindruck gewinnen mußte.

Onkel Egon, der Bruder meiner Mutter, war Oma Sessies ganzer Stolz. Ich kann mich noch gut an ihn erinnern. Er war ein hübscher Bursche, dem die Mädchen hinterherliefen. Und nicht zu vergessen, er war ein Lorch-Artist. Das machte ihn noch interessanter. Von ihm habe ich als Kind gelernt, wie man auf den Händen läuft und sich in der Luft überschlägt. Ich war immer ein bißchen in ihn verliebt.

Die katholische Trapezkünstlerin Maria Jezierski ließ sich bereits 1936 von ihrem jüdischen Ehemann und Partner Egon Lorch scheiden. Mit der gemeinsamen Tochter Maud zog sie nach Berlin, wo die beiden den Krieg unter großen Entbehrungen überlebten. Nach Egon Lorchs Odyssee, die ihn bis nach Shanghai führte, heirateten die beiden nach dem Krieg erneut. Egon Lorch starb 1954. Seine Tochter Maud, die fünf Jahre jünger ist als ihre Cousine Irene, lebt heute im pfälzischen Alsenborn.

Maud Fröchte, geborene Lorch, erzählt, daß ihre Mutter sich scheiden ließ, weil sie sonst ihre Arbeitserlaubnis verloren hätte. Sie mußte jetzt ganz allein für ihre Tochter und sich selbst sorgen. Maud erinnert sich noch, daß sie als Achtjährige zum ersten Mal das Wort »Rassenschande« hörte und niemand ihr erklären konnte oder wollte, was das bedeutete, und schon gar nicht, daß ihr Vater damit gemeint war. Egon Lorch, der als Geschäftsführer der Varieté-Show »Dorley's Express Revue« auf Tournee durch Asien reiste, hatte sich in eine deutsche Tänzerin der Truppe verliebt. Kaum waren sie wieder zurück in Deutschland, zeigte sein eigener Chef ihn an. Der Jude Egon Lorch wurde vor ein Gericht gestellt und wegen Rassenschande verurteilt. Er saß sieben Monate im Gefängnis von Stadelheim.

Nach seiner Entlassung bekam er unter dem falschen Namen Donners ein Engagement beim Zirkus Holzmüller. Am 7. November 1938 erschoß der 17jährige jüdische Emigrant Herschel Grynszpan in Paris den deutschen Botschaftsangehörigen Ernst vom Rath. Das Attentat war für Hitler und seinen Propagandaminister Goebbels ein willkommener Anlaß, die Ausschreitungen gegen Juden in jeder Weise zu verschärfen. Die Synagogen brannten. Die Konzentrationslager füllten sich. Egon Lorch gehörte zu den ersten Juden, die nach Buchenwald verschleppt wurden. Seine Tochter glaubt, daß eine deutsche Schulreiter-Familie seine wahre Identität verraten hatte. Sie erzählt, daß er anderthalb Jahre in Buchenwald festgehalten wurde, und dann von einem jüdischen Komitee in Brüssel zusammen mit 25 anderen Insassen freigekauft wurde und Deutschland binnen 48 Stunden verlassen mußte.

Irenes Erinnerung unterscheidet sich von der ihrer Cousine Maud. Aber das ist nur eine andere Variante der Zerstörung eines Menschen:

Meine Großmutter war verzweifelt – der Mann für sie unerreichbar im Ausland, der Sohn im KZ. Eines Tages erhielt sie ein Schreiben, in dem man ihr anbot, ihren Sohn freizukaufen. Sie hatte gerade 2000 Reichsmark von einem verstorbenen Verwandten geerbt. Mit diesem Geld fuhr sie nach Köln und konnte dort ihren Sohn in Empfang nehmen. Onkel Egon hatte sich vorher schriftlich verpflichten müssen, Deutschland innerhalb von 48 Stunden für immer zu verlassen. Ein lästiger Jude weniger im deutschen Reich!

Es war die Zeit, als ich untätig zu Hause herumhing, als ich alles verloren hatte, was mir lieb gewesen war: die Freun-

dinnen, den Geigenunterricht, die Ballettstunden, die Kollegen vom Zirkus. Meinen Peter kannte ich da noch nicht.

Ich saß oben in meinem Zimmer, als Oma mit Onkel Egon nach Hause zurückkam. Ich erkannte ihn zunächst nicht wieder. Er war damals ungefähr Mitte Vierzig, doch mir erschien er wie ein Greis. Mühsam schleppte sich diese bis auf die Knochen abgemagerte Gestalt die Treppe hoch. Sein Kopf war kahlgeschoren. Seine Augen im entsetzlich schmalen Gesicht wirkten übergroß. Er starrte mich an. Dann versuchte er ein Lächeln. Doch es wurde nur eine schiefe Grimasse daraus, und ich sah, daß ihm alle Vorderzähne fehlten. Oma half ihm auf einen Stuhl, dann packte sie seinen Koffer. Er war höchstens eine Stunde zu Hause gewesen. Wo die beiden dann hingingen, weiß ich nicht. Stunden später kam Großmutter allein zurück. Sie sagte kein einziges Wort. Ihren Sohn hat sie nie wiedergesehen.

Shanghai, der Hafen Chinas, war damals Fluchtort für zahlreiche europäische Juden. Die Stadt war weltweit der einzige Ort, in den man ohne Visum oder ein anderes offizielles Dokument einreisen konnte. Die jüdischen Emigranten aus Deutschland, Österreich und Polen, deren Zahl nach der »Reichskristallnacht« am 9. November 1938 sprunghaft anstieg, konnten dort unter weitgehend normalen Bedingungen leben; sie wurden von zwei jüdischen Gemeinden betreut. Unter ihnen befand sich auch Egon Lorch. Als er wieder einigermaßen bei Kräften war, fand er tagsüber Arbeit in der Anzeigenabteilung einer amerikanischen

Zeitung, nachts war er Manager eines Tanzclubs. Als der Krieg im Pazifik begann, verschlechterten sich die Bedingungen der Flüchtlinge. Im Februar 1943 mußten alle »Staatenlosen« auf Druck der Nationalsozialisten in ein Ghetto übersiedeln. Doch dank finanzieller Unterstützung durch die Vereinigten Staaten war ihre Lage einigermaßen erträglich. Bis zu seiner Rückkehr nach Deutschland kurz vor Weihnachten 1948 leitete Egon Lorch ein Kaufhaus der US-Army. Am 24. Dezember 1948 heiratete er seine Frau Maria ein zweites Mal. Doch es blieb ihnen nicht mehr viel Zeit. Egon Lorch hatte die seelischen und körperlichen Mißhandlungen im KZ Buchenwald nie verwunden. 1954 starb er 54jährig in Ragusa auf Sizilien an den Folgen eines Herzinfarkts.

✦

Auch wenn die Freude über den neuen Erdenbürger im Lorch-Haus groß ist, geraten seine Bewohner doch immer mehr ins Elend. Sie können von Glück sagen, daß sie überhaupt noch in ihrem Haus wohnen dürfen. Von Darmstädter Juden haben sie erfahren, daß man sie aus dem eigenen Haus getrieben und in sogenannten »Judenhäusern« mit anderen jüdischen Familien zusammengepfercht habe.

Zu essen gibt es immer weniger. Der Hunger ist Stammgast bei den Lorchs. Die Lebensmittelkarten mit dem aufgestempelten »J« schließen sie vom Bezug bestimmter zwangsbewirtschafteter Lebensmittel aus. Schokolade, Kakao und Kaffee gibt es für sie seit langem nicht mehr, Fleisch und Butter nur noch in winzigen Rationen. Schließlich werden im September 1942 Fleisch, Milchprodukte, Eier und eine Reihe weiterer Lebensmittel für Juden endgültig gestrichen. Seit 1940 bekommen Juden keine Reichskleiderkarte mehr. Dieser Schein zum Einkauf von Textilien wurde von den Behörden nach Kriegsbeginn ausgegeben.

Im Dorf Eschollbrücken wie überall in Deutschland gibt es nicht nur gleichgültige, fanatische oder böse Menschen, die ihre jüdischen Mitbürger den Nazischergen ausliefern. Es gibt auch Menschen, die nicht verstehen, warum sie den jüdischen Nachbarn plötzlich hassen sollen. Wenn der alte Postmeister Götz rechtzeitig einen der Lorchs kommen sieht, dreht er schnell das Schild mit der Aufschrift »Juden unerwünscht« um.

Wenn es dunkel wird, laufen Irene und ihre Schwester zu den Nachbarn Werner. Diese Kleinbauern besitzen ein paar Kühe und können sich weitgehend selbst ernähren. Von ihnen bekommen die Schwestern Butter und Milch. In der Bäckerei von Roland Werner dürfen die Lorchs anschreiben lassen. Im Lebensmittelgeschäft von Gustav Kistinger in der Untergasse bekommen sie auch dann noch Milch, als diese für Juden nicht mehr auf der Lebensmittelkarte steht.

Doch dann kommt der 7. März 1943, ein Tag, der sich für immer in Irenes Gedächtnis eingebrannt hat, in ihre Träume, in ihren Alltag, in ihr Herz.

Irene Bento:

Ich wohnte mit Muttel, Gerda und Peterle oben im Haus, die Großmutter unten. Sie muß eine Vorahnung gehabt haben an diesem 7. März 1943. Plötzlich hörte ich sie laut weinen. Ich lief nach unten. »Oma, was hast du denn?« fragte ich verwirrt. Und sie sagte: »Kind, ich ahne nichts Gutes.« Ich schimpfte: »Sei doch nicht so abergläubisch. Was soll schon noch passieren?« Sie war wirklich sehr abergläubisch. Als mein Vater einmal einen Koffer vom Speicher holte und die Kostüme darin im Hof auslüften wollte, warnte sie ihn: »Junge, verändere hier nichts. Das bringt Unglück.«

Am späten Nachmittag saß ich oben in meinem Zimmer und stillte mein Baby. Plötzlich wurde die Tür aufgerissen. Zwei große Männer in langen Ledermänteln und Stiefeln standen vor mir. Ich hielt mir erschrocken ein Handtuch vor die Brust. Der eine riß es herunter und sagte: »Du und dein Bastard, ihr kommt als nächste dran.« Dann verließen sie höhnisch lachend das Zimmer. Peterle schrie wie am Spieß, denn seine Milchquelle war plötzlich versiegt. Jetzt hörte ich von unten Großmutter laut rufen: »Irene, Irene, hilf mir!« Doch wie hätte ich ihr helfen sollen?

Ich höre diese Schreie noch heute. Sie waren ganz hoch, es klang, als ob ein Tier schrie. Es waren die letzten Töne, die ich von meiner geliebten Oma Sessie gehört habe. Sie zerrten sie aus dem Haus und in ein Auto, das mit laufendem Motor vor der Tür wartete. Sie trug noch ihre Hausschuhe und eine Schürze über dem Kleid, denn sie wollte gerade das Abendbrot zubereiten. Im Auto saß bereits mein Großonkel Eugen Lorch, Großvaters Bruder. Ich stand am Fenster hinter der

Gardine und beobachtete alles. Mir war eiskalt. Ich wußte in diesem Moment: »Die beiden siehst du nie wieder.«

Lange nachdem sie weg waren, traute ich mich aus meinem Zimmer. Muttel hatte sich zusammen mit Gerda auf dem Dachboden versteckt, auf mein leises Rufen kamen sie die Treppe herunter. Wer von uns würde die nächste sein? Weinend lagen wir uns in den Armen.

Großmutter und Großonkel wurden zunächst zu einer Sammelstelle nach Darmstadt gebracht, von dort aus sollten sie mit dem Zug zu einem unbekannten Ziel verschickt werden. Am nächsten Tag brachte ihnen unser Nachbar Ludwig Roth, der uns nicht verachtete, weil wir Juden waren, ein paar Habseligkeiten nach Darmstadt. Ich packte ihm feste Schuhe für Oma Sessie ein, doch die haben ihr auch nichts mehr genutzt.

Nach dem Krieg sah ich Fotos und Wochenschauaufnahmen von Güterzügen, in denen sie die Menschen zusammengepfercht hatten wie Vieh. Diese stummen Gesichter voller Qual kann ich nie mehr vergessen. Ich sehe sie immer vor mir, und die von Oma und Onkel Eugen sind darunter. In einem solchen Zug fuhren sie nach Auschwitz in den Tod.

Zunächst hörten wir nichts mehr von ihnen. Doch bereits im Mai bekamen wir ein Schreiben von der Lagerverwaltung, daß Großmutter an Herzversagen gestorben sei. Wenn wir die Asche haben wollten, sollten wir 2000 Reichsmark schicken. Onkel Eugens Frau Gertrud bekam am selben Tag auch eine solche Benachrichtigung. Aber wir hatten kein Geld, um die Asche zu kaufen. Später, viel später nach dem Krieg, erfuhren wir, daß sie erst im August gestorben waren. Umgebracht wurden! Als Todesdatum war in den Listen der 25. August 1943 eingetragen. Doch die näheren Umstände ihres Todes haben wir nie erfahren. In meinen Träumen habe ich sie schon unzählige Male leiden und sterben sehen.

Eugen Lorch war ein begeisterter Patriot. Im Ersten Weltkrieg wurde er für seine Tapferkeit mit dem Eisernen Kreuz ausgezeichnet. Als Artist war er bekannt für seine Dressurkünste. Noch 1938, als die Juden in Deutschland längst verfolgt wurden, wirkte er in Harry Piels Film »Menschen, Tiere, Sensationen« mit. Die älteren Leute in Eschollbrücken erinnern sich noch heute an folgende Anekdote über Eugen Lorch: Er, der Jude, habe den Hund seines Hausvermieters, des SA-Mannes Steuerwald, heimlich dressiert. Dieser habe dann auf das Kommando »Mach Heil Hitler!« die rechte Vorderpfote gehoben und dazu laut gejault.

Eugen Lorch war als Oberstallmeister beim Zirkus Sarrasani und später beim Zirkus Gleich beschäftigt, bevor er 1937 mit seiner nichtjüdischen Frau Gertrud nach Eschollbrücken zog. Auch diese beiden hielten an ihrer »Mischehe« fest. Eugen Lorch bekam Auftritts- und Beschäftigungsverbot beim Zirkus. Zuletzt arbeitete er in einer Pfungstädter Kammfabrik. Dort holte ihn die Gestapo ab. Von seiner Frau konnte er sich nicht mehr verabschieden.

✦

Nur spärliche Nachrichten über das Schicksal seiner Brüder Rudi und Arthur dringen nach Eschollbrücken. Die Familie weiß nur, daß sie in Brüssel von der Gestapo aufgespürt und in französische Internierungslager verschleppt worden sind.

In einem verschlissenen Ledermäppchen bewahrt Irene heute die Briefe der beiden Männer auf, die sie zwischen 1940 und 1944 aus den südfranzösischen Internierungslagern St. Cyprien, Camp de Gurs und dem politischen Straflager Le Vernet an ihre Geschwister Julius und Jeanette nach Brüssel geschickt hatten. Tante Jeanette hatte sie nach dem Krieg mit nach Eschollbrücken gebracht. Das billige Papier ist brüchig geworden, die winzige Schrift darauf teilweise kaum leserlich. Oft hatten sie nur ein Blatt zur Verfügung, und es hätte doch so vieles zu berichten gegeben. Aber nicht alles durften die Empfänger der Briefe erfahren. Manche Sätze sind mit dicken schwarzen Balken von der Zensur übermalt. Nichts steht in den Briefen darüber, ob sie gequält oder mißhandelt wurden, nur Andeutungen vom wahren Ausmaß ihres Elends. Dafür sorgen sie sich um Irene.

»Die Irene hat sich verlobt, aber sie ist noch viel zu jung dazu. Auch der Bräutigam ist noch ein Lausbub, sie hätte auch noch Zeit, bis sie 23 oder 25 Jahre alt geworden wäre. Die Familie Bento paßt mir gar nicht, Irene bekäme später einen besseren Mann ...«, schrieb Arthur 1942.

Camp de Gurs war das größte von rund hundert Internierungslagern am Fuße der Pyrenäen. Von 1939 bis 1943 wurden dort in den 380 Baracken über 60 000 Menschen festgehalten, vor allem Juden. Viele starben an Unterernährung, Ruhr und Typhus. Ab August 1942 wurden jüdische Lagerinsassen systematisch nach Auschwitz deportiert. Überlebende schilderten Gurs als »Vorhölle von Auschwitz« – die Franzosen nannten es das »Lager der Schande«.

Das Camp de Gurs war im Schwemmgebiet des Flüßchens Gave d'Oloron errichtet worden. Häufige Gewitter und Regenfälle verwandelten den Boden in eine Schlammwüste. Es gab nur eine einzige asphaltierte Straße im Lager. Die Baracken hatten keine sanitären Einrichtungen. Bei schlechtem Wetter waren die Wege zu den Latrinen unpassierbar. Wer es dennoch versuchte, versank bis zu den Waden im zähen Schlamm. Für die entkräfteten Menschen wurde jeder Schritt zur Qual. In den Baracken, in denen bis zu 60 Personen untergebracht waren, gab es keine Fenster, nur unverglaste Öffnungen, die mit Holzklappen notdürftig verschlossen werden konnten. Bei Kälte und schlechtem Wetter herrschte deswegen immer Dunkelheit in den Baracken. Die Gefangenen schliefen auf modrigem Stroh direkt auf dem feuchten Boden. Jeder Barackenblock war von Stacheldraht umgeben. Die französischen Bewacher waren Kollaborateure der Gestapo.

»Macht Euch keine Sorgen um uns«, schrieb Arthur

noch 1940 an Bruder und Schwester in Brüssel, »wir halten schon aus, ich als alter Frontkämpfer ertrage ja alles besser als Rudi. Es ist gut, daß ich bei ihm bin, sonst hätte er den Mut schon längst verloren.«

Das Essen im Lager war völlig unzureichend. Vor allem die älteren Menschen starben wie die Fliegen. Als Alfons, der Cousin von Arthur und Rudi, in einer anderen Baracke in Gurs starb, schrieb Arthur nach Brüssel: »Alfons wurde im Lagerfriedhof Gurs mit noch 16 Personen beerdigt, es ging alles sehr schnell, unter den 16 Personen waren auch fünf internierte Frauen. Am Tag vorher waren es 15 Personen. Die Sterbezahl ist hier sehr groß. An was Alfons gestorben ist, konnte man mir nicht sagen, da er ein großer Esser war, hat wohl auch die Unterernährung zum schnellen Ende mit beigetragen. Er ruhe sanft.«

Der Alltag im Lager bestand nach Arthurs Bericht nur aus endlosem Warten: »Heute sollt Ihr etwas über unsere Lebensweise hören. Wir stehen um 7 Uhr auf und trinken eine Tasse ungesüßten schwarzen Kaffee, dazu essen wir ein bis zwei Stück trockenes Brot. Unsere Ration besteht aus einem Laib Brot für 6 Mann, also für jeden 270 bis 300 Gramm. Um 12 Uhr essen wir unsere Suppe, nur eine Kaffeetasse voll. Hier gerät sie dem Koch immer etwas dünn, abends um 6 Uhr gibt es dann dieselbe Suppe und dasselbe Quantum. Rudi und die anderen Kameraden bleiben im Bett liegen, das spart am Essen. In die Suppe brocken wir auch unser Brot, da wird sie dicker. Viele Kameraden essen ihr Brot auf einmal auf. Aber ich spare immer damit. Wir gehen um ½9 bis 9 Uhr wieder schlafen, das ist unsere tägliche Arbeit, und so freut man sich auf die Postausgabe.«

Doch in allen Briefen beklagen sich die Brüder, daß sie von ihren Angehörigen nichts hören, obwohl die ihnen doch so viel geschrieben, immer wieder Geld und Lebensmittel geschickt haben; daß Post oft Wochen und Monate unterwegs ist oder nie ankommt; daß sie teures Nachporto bezahlen müssen, wo sie doch kaum bares Geld besitzen. Die erlaubten Geldsendungen kommen noch seltener an, auch Lebensmittelpakete von privaten Personen oder von Hilfsorganisationen wie den amerikanischen Quäkern oder dem Schweizer Roten Kreuz gehen häufig verloren.

Die Brüder schreiben, daß ihnen die Zähne ausfallen, »das liegt daran, daß wir keine Abwechslung in der Nahrung haben«.

Die einst so athletisch gebauten Akrobaten magern immer mehr ab. Besonders Rudi fühlt sich sehr elend. 1941 schreibt er aus dem Centre de Séjour surveillé in Noé (Haute Garonne) an seine Frau Liddy:

»Nun will ich Dir, liebe Liddy mitteilen, daß es mir gesundheitlich gar nicht so gut geht, auch Arthur nicht. Wir sind beide sehr abgemagert und werde ich vielleicht noch 110 Pfund wiegen, ich leide viel an Schwindelanfällen, habe auch ganz geschwollene Füsse und glaube, daß es vom Herz kommt. Ich bin ein Männchen geworden, auch Arthur sieht so aus. Unsere Nerven sind auch ganz runter.

Die Geschwister Lorch, Ikarier, ca. 1885–1890. Der Mann mit dem Schnurrbart ist Irenes Großvater Julius Lorch.

Oben: Irenes Großeltern Sessie und Julius Lorch mit Tochter Alice und Sohn Egon. Ca. 1920
Unten: Zirkus Lorch in den zwanziger Jahren

Oben: Alice und Hans Danner, Irenes Eltern, als junge Artisten
Unten: Zirkusprinzessin Irene als Baby, fotografiert von Eugen Lorch. Ca. 1924 in Südamerika

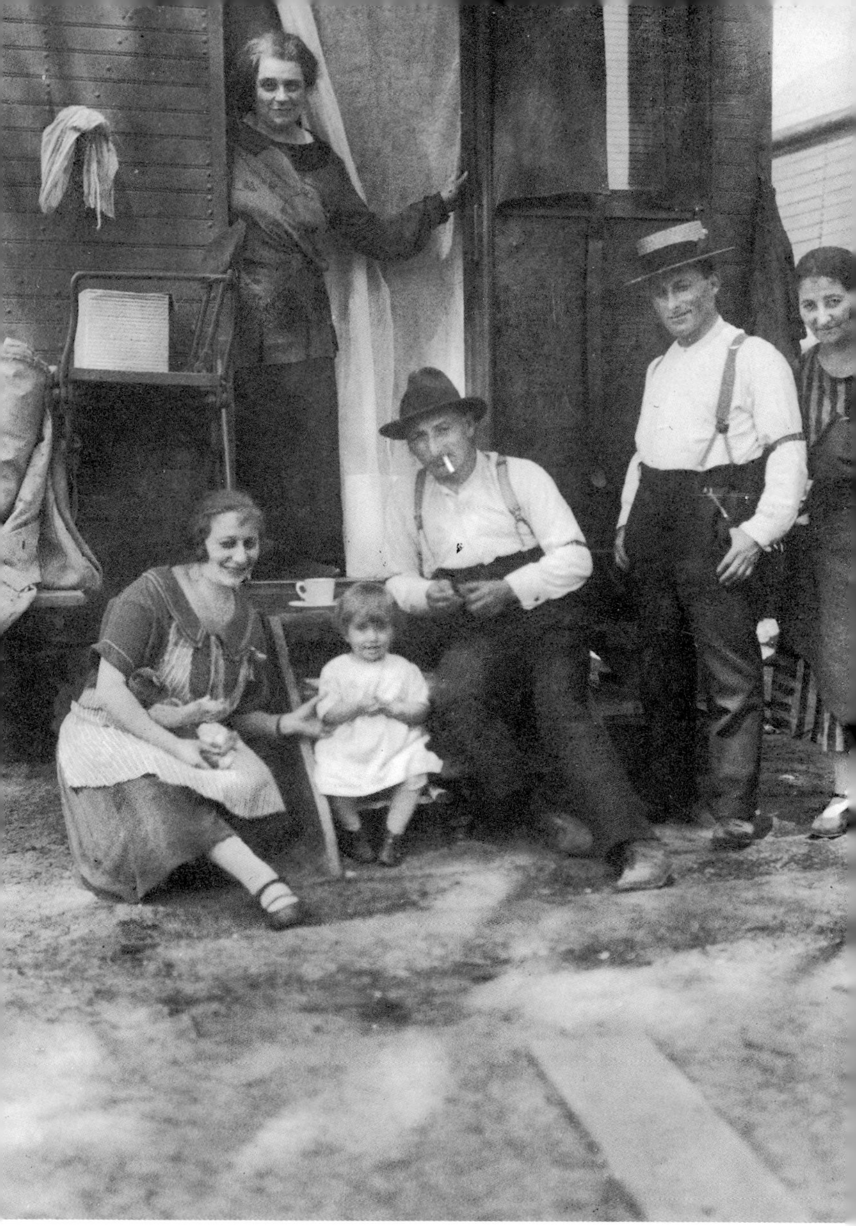

Die Lorchs bei Circus Sarrasani in Südamerika, Dezember 1923 bis September 1925. Von links: Tante Hedi Lorch, neben ihr Irene, Großvater Julius Lorch (mit Zigarette), Arthur Lorch, Jeanette Lorch, oben Sessie Lorch.

Oben:
Großmutter Sessie Lorch mit den Enkelinnen Irene (rechts) und Gerda. Mai 1932

Nebenstehend:
Alice Danner mit Tochter Irene, im Juni 1925.

Linke Seite:
Oben links: Irene als kleines Mädchen, 1928.
Oben rechts: Irene als junges Mädchen. Ca. 12 Jahre alt
Nebenstehend: Alice Danner, Irene (ca. 15 Jahre alt), Hans Danner

Rechte Seite:
Oben:
Die Kunstreitertruppe Caroli. Von links: Irene Danner, Francesco Caroli (heute Weißclown bei Roncalli), Dora, vorne kniend Charly. Das Foto entstand zwischen 1936 und 1939
Nebenstehend:
Irene (rechts) und ihre Schwester Gerda beim Spitzentanz. Mai 1940

Oben:
Irene Danner und Peter Bento mit ihrem ersten Sohn Peter jun. bei Althoff in Pößneck, Oktober 1943

Nebenstehend:
Die Bentos bei einem Auftritt im Zirkus Althoff. Vorne Irene. Sie versteckt ihre Schwangerschaft in einem weiten Clownskostüm. Hinter ihr Margot, José Bento, Peter Bento

Oben:
Artisten bei Althoff. Zu identifizieren sind Peter Bento (auf der Treppe sitzend), Irene, Hans und Alice Danner.

Unten:
Hans Danner als Soldat auf Heimaturlaub mit seiner Frau Alice. Winter 1941

Oben:
Die Bentos, von links: José Bento, Margot, Zwerg Carlo, Irene, Peter

Nebenstehend:
Irene als junge Artistin

Oben:
Irene während der Jahre im Versteck bei Althoffs, hier mit den Elefanten von Maria Althoff

Unten:
Peter Bento als junger Clown

Irene mit ihren damals drei Kindern Peter, Jano und Mary

Oben:
Alice und Hans Danner. 1946 bei Althoff

Rechts:
Irene Bento als Geigerin, ca. 1952

Linke Seite:
Oben: Maria Althoff als junge Zirkus-direktorin mit ihren Elefanten
Links: Adolf Althoff mit seinem Sohn Franz. 1946

Rechte Seite:
Adolf Althoff mit seinen Pferden. 1955

Oben: Irene und Peter Bento, zu Hause in Eschollbrücken vor einem alten Althoff-Plakat. 1995
Unten: Maria und Adolf Althoff. 1995

Hier im Lager ist es ja ganz gut, und wenn jetzt die Kost ab 1. Juli besser werden soll, so hoffe ich auch, daß ich mich bald erholt habe. Ihr müßt auch denken, daß wir in den anderen Lagern immer auf dem Boden auf Stroh geschlafen haben, na, mit Gottes Hilfe werden wir, wenn wir wieder in geordnete Verhältnisse kommen, bald wieder gesund werden. Aber ich glaube nicht, daß ich nochmals meinen Artistenberuf als Akrobatischer Untermann ausführen kann, denn dazu bin ich zu schwach geworden. Muskeln habe ich schon gar keine mehr und an meinem Hintersten habe ich kein Fleisch mehr und hängt die Haut ganz schlapp herunter ...«

Aus den Briefen des Jahres 1942 erfährt Irene, daß die beiden Männer getrennt wurden. Rudi Lorch kam in ein Hospital nach St. Gandens, sein Bruder Arthur blieb in Noé. Offensichtlich hatte Rudi schwere Erfrierungen an den Füßen, zwei Zehen seines rechten Fußes mußten amputiert werden. Trotzdem ist er einigermaßen optimistisch. Er schreibt, daß er in einem geheizten Raum mit weiß überzogenem Bett liege. Aber auch, daß er nur noch 40 Kilo wiege und trotz des »guten Essens« immer magerer werde.

Aus dem Jahr 1943 gibt es keine Briefe, die drei letzten richtete Rudi im April 1944 aus dem Straflager Camp de Vernet nur an seine Schwester Jeanette. Er muß also gewußt haben, daß sein Bruder Julius nicht mehr lebte. In diesen Briefen erzählt er kaum noch etwas über sich und seinen Zustand. Aber er deutet an, daß mit Arthur etwas Schreckliches geschehen sein muß: »Was soll ich Dir weiter noch schreiben. Es vergeht bei mir ein Tag wie der andere. Angst haben wir, daß uns doch noch dasselbe Schicksal wie Arthur passieren kann ...

Am 10. Mai sind es schon vier Jahre, daß ich von zu Hause weg bin.«

Beide überlebten die Qualen nicht. Über ihren Tod weiß man bis heute nichts Genaues. Peter und Irene, die die Briefe wieder und wieder gelesen haben, sind dabei auf einige Widersprüchlichkeiten gestoßen, die für sie jedoch ganz konkrete Aussagen sind. Wenn Rudi etwa an seine Frau Liddy schreibt, daß es ihm hier im Lager ganz gut gehe, dann sei das eine verschlüsselte Botschaft gewesen, die genau das Gegenteil bedeutet habe. Denn warum sollte er bei relativ guter Ernährung sonst immer mehr abnehmen? Peter Bento glaubt, daß Arthur erschlagen wurde wie so viele andere und daß Rudi verhungerte oder an den Folgen seiner Amputation starb. Ihre Gräber sind unbekannt.

8 »SIE KÖNNEN ALLE HERKOMMEN«

VORSICHTIG, fast scheu berührt Irene die schillernden, glitzernden Perlen und Pailletten des Clownsgewands, das sie getragen hatte, als Peterle noch in ihrem Bauch war. Es ist das einzige Kostüm, das beim Bombenangriff in Mainz nicht verbrannte, weil es im Garderobenwagen der Artisten hing. Jetzt könnte sie es ja wieder tragen. Aber sie wird es enger nähen müssen. Sie ist wieder zu Hause, bei ihrem Peter, im Zirkus. Die Frühjahrs-Saison 1943 hat gerade angefangen, man rüstet zum Aufbruch in die Orte, die Direktor Adolf Althoff von der Reichstheaterkammer vorgeschrieben wurden. Er kann längst nicht mehr selbst entscheiden, wohin die Reise gehen soll.

Ihr kleiner Sohn ist schon drei Monate alt. Irenes Mutter hütet das Baby in der Eschollbrücker Wohnung. Sie weiß, daß auch sie jeden Tag, jede Stunde abgeholt werden kann. Aber selbst im Zirkus kann sie sich nicht blicken lassen, es ist zu gefährlich, auch wenn sie sich weigert, den Judenstern zu tragen. »Ich will keine Sternjüdin sein«, hat sie immer wieder trotzig erklärt.

Auch Irene geht ein großes Risiko ein, als sie in den Zirkus zurückkehrt. Ihr Vater ist nicht mehr Soldat, hat sich damit gegen das Regime gestellt, dieser letzte Schutzwall vor dem Zugriff der braunen Machthaber ist nun auch für sie als seine Tochter zusammengestürzt. Aber sie hat es einfach nicht mehr ausgehalten ohne ihren Peter. Nur in seiner Gegenwart fühlt sie sich einigermaßen sicher. Und weil alle sie für eine Italienerin halten, hat sie sich angewöhnt, auf italienisch zu antworten, wenn jemand sie anspricht. Das klappt immer noch ganz gut. Sie hat die Zeit mit den italienischen Carolis nicht vergessen, gerät geradezu ins Schwärmen, wenn sie ihrem Peter von dieser kleinen Zeitspanne heilen Lebens erzählt.

Irene hat erfahren, daß die drei Brüder jetzt auch als Clowns auftreten. In Zirkuskreisen spricht sich alles schnell herum. Artisten sind wie Brieftauben, tragen eine Neuigkeit von Zirkuszelt zu Zirkuszelt. »Wenn dein Vater mich nicht mehr haben will, gehe ich einfach zu den Carolis zurück. Die freuen sich bestimmt über eine Clownesse«, versucht sie Peter herauszufordern. »Wer behauptet denn, daß wir dich nicht mehr haben wollen?« empört er sich. »Ich will dich doch heiraten. Du wirst sehen, beim nächsten Aufgebot klappt es ganz bestimmt.« Genau das möchte Irene hören, doch daran glauben kann sie nicht mehr so recht.

Ihr Lachen ist verstummt. Wieviel Schreckliches hatte sie erfahren, seit sie mit ihrem noch ungeborenen Kind den Zirkus verlassen mußte! Die demütigende Behandlung im Krankenhaus. Die unerträglichen Schmerzen. Die Tragödie der geliebten Großmutter. Die tägliche Sorge ums Überleben. Wieviel Schlimmes mag ihr noch bevorstehen? Gibt es überhaupt noch eine Steigerung? Es gibt sie schon, denkt sie erschrocken. Was, wenn die Männer in den langen Ledermänteln auch noch ihre Mutter und ihr Kind abholen, während sie im Zirkus ist? Jeder kennt doch inzwischen das Judenhaus in Eschollbrücken. Irenes Angst ist übermächtig. Sie erstickt jedes andere Gefühl.

Wie so oft, wenn sie sich in quälende Gedanken verstrickt, denkt Peter längst über eine Lösung des Problems nach. Selbst in schwierigsten Situationen verliert er, der Clown, der Traumtänzer, der Tolpatsch, nie seinen klaren Kopf.

Eines Tages nimmt er allen Mut zusammen und klopft an Adolf Althoffs Wohnwagentür. Auf das unwillige »Herein« nimmt er seine Mütze ab und tritt ein. »Mein Schwiegervater arbeitet für Sie. Seine Tochter ist wieder bei uns. Sie wissen ja sicher, daß wir ein Kind bekommen haben ...« Althoff nickt. »Und, was weiter?« fragt er etwas barsch. »Weiter?« Peter schreit fast. »Weiter haben die Nazischweine Irenes Großmutter abgeholt. Und all die anderen Lorchs. Die ganze Familie zerbricht, Herr Althoff. Und wir können nichts tun. Und meine Schwiegermutter hütet unser Baby. Sie ist eine Jüdin. Sie wagt sich nicht mehr aus dem Haus. Auch Irenes Schwester Gerda sitzt in der Falle. Sie ist noch so jung. Sie könnte sich sicher hier im Zirkus nützlich machen. Bitte, Herr Althoff, helfen Sie uns!«

»Sie können alle herkommen, das kriegen wir schon hin«, sagt Althoff knapp. »Ich weiß von nichts. Und nun laß dir etwas einfallen!«

Das läßt sich Peter nicht zweimal sagen.

Schon am nächsten Tag bittet er seinen Vater um zwei freie Tage, die ihm widerwillig gewährt werden, und nur unter der Bedingung, daß Irene ihm seine Leibspeise kocht: Rotkohl mit Bratwurst. Peter verspricht es, obwohl er keine Ahnung hat, wo Irene die Bratwurst hernehmen soll. Aber sie wird den Alten schon besänftigen, denkt er. Peter fährt nach Eschollbrücken. Es ist eine weite Reise, denn der Zirkus gastiert im von Hitler annektierten Sudetengau. Alice Danner ist erleichtert, als er sie in seinen Plan einweiht. Endlich wird auch sie wieder mit ihrem Mann zusammensein. Als Peter sich am nächsten Tag wieder zum Zirkus aufgemacht hat, packt sie zwei Koffer mit dem Allernötigsten. Der Nachbar Ludwig Roth ist in den Plan eingeweiht. Am anderen Morgen, als es noch dunkel ist, kommt er mit seinem Pferdefuhrwerk zum Lorch-Haus. Die Hufe der Pferde hat er mit Lappen umwikkelt, damit niemand ihr Getrappel hören kann. Er fährt Alice Danner, ihre Tochter Gerda und den schlummernden kleinen Peter zur Bahnstation nach Pfungstadt. Von dort nehmen sie den Zug nach Reichenberg.

Niemand kann sich Irenes und Peters Erleichterung vorstellen, als sie endlich heil ankommen. Keiner hat sie unterwegs belästigt. Im Gegenteil, die anderen Fahrgäste konnten sich nicht sattsehen an dem niedlichen Baby, das jeden freundlich anlächelte. Wollten es trösten, wenn es kläglich weinte. So lenkte der kleine Kerl vom exotisch-schönen Gesicht seiner Großmutter ab, in dem der eine oder andere die Jüdin hätte vermuten können.

Irenes Eltern sind froh, endlich wieder zusammenzusein. »Habe ich nicht eine tapfere Frau?« sagt Hans Danner immer wieder.

Adolf Althoff läßt sich nicht blicken. Aber sie wissen auch so, daß er zu ihrem Beschützer geworden ist, sein Zirkus zu ihrem Versteck. Sie wagen nicht daran zu denken, was mit ihnen geschähe, wenn jemand den Zirkusdirektor verraten würde.

Als an diesem Abend als erste Besucherin eine alte bucklige Frau das Zirkuszelt betritt, ist die Freude unter den Artisten groß. Zirkusleute sind abergläubisch: eine alte, bucklige Frau bringt Glück, das war schon immer so. Hingegen droht Unheil, wenn jemand mit aufgespanntem Regenschirm ins Zelt hereinspaziert. Aber darauf achten die Lehrlinge schon, daß das nicht passiert. Die älteren Artisten haben ihnen auch erzählt, daß sie ihr Glück zerschneiden, wenn sie im leeren Zelt quer durch die Manege gehen.

An diesem Abend spielt Irene besonders schön auf ihrer Geige. Es ist eine traurige Melodie. Daß ihr dabei die Tränen übers Gesicht laufen, sieht niemand im Publikum. Nur der dumme August, der sie immer wieder stört bei ihrem ergreifenden Spiel, der ist heute besonders aufgedreht und komisch. Man könnte glatt glauben, er sei in sie verliebt. Aber welche Frau würde schon einen dummen August erhören? Die Menschen ringsum auf den Holzbänken, unter ihnen viele Soldaten in Uniform, kommen aus dem Lachen nicht mehr heraus.

Peter Bento:

Manchmal war es sehr schwer für mich, komisch zu sein – wenn man mit so viel Angst leben muß und trotzdem ein guter Clown sein will. Man möchte ja die anderen erfreuen. Das ist die Pflicht eines Clowns. Da bleibt für persönliches Leid kein Platz. Am schwersten ist der Moment, in dem du die Manege betrittst. Aber dann, wenn das Publikum anfängt zu lachen, fühlst du dich wie befreit. Das ist, als gingst du mit starkem Fieber hinein, und wenn du wieder herauskommst, ist das Fieber einfach weg, ohne daß du Tabletten genommen hast. Das Lachen des Publikums ist die beste Medizin für einen kranken Clown.

✦

Irenes Eltern leben mit Gerda auf kleinstem Raum in Hans Danners Wohnwagen. Oft ist auch das Baby bei ihnen. Alice Danner wagt sich nie nach draußen aufs Zirkusgelände. Es ist, als sei sie nicht vorhanden.

Nur Maria Althoff, die Frau Direktor, hat Kontakt zu ihr. Wie auch zu den anderen Artisten, die sie, wenn sie länger zur Zirkusfamilie gehören, liebevoll »Tante Mariechen« nennen. Sie ist die Seele des Zirkus Althoff.

Maria Althoff:

Ich habe Alice Danner immer ein wenig beneidet. Sie war eine so stolze und elegante Frau. Manchmal hielt ich sie fast für arrogant. Doch jetzt lernte ich sie von einer anderen Seite kennen. Manchmal besuchte ich sie am Nachmittag. Wir tranken ein Täßchen von dem Kaffee, den ich ihr mitgebracht hatte. Sie wirkte nun so bescheiden, war dankbar für jede Hilfe. Ihren Wohnwagen hat sie nie verlassen. Einkaufen ging ihr Mann, der Danner. Oder der Peter. Aber ihre Ausbeute war spärlich für die sechs Personen, die sie mit zwei Lebensmittelkarten versorgen mußten. Für Irene, das Baby, Gerda und ihre Mutter gab es keine mehr. Sie waren ja untergetaucht, einfach weg. Ich habe immer wieder bewundert, wie diese Familie zusammenhielt. Manchmal habe ich ausgeholfen, wenn es uns gelungen war, etwas zu organisieren. Das konnte mein Adolf besonders gut. Allerdings hütete er den Schlüssel zu unserem Vorratswagen wie seinen Augapfel. Ich mußte ihn mir heimlich nehmen. Und dann habe ich halt ein bißchen geklaut, Kaffee, Butter, Brot, Zucker, was gerade da war. Das habe ich den Danners gebracht. Irgendwann hat mein Mann mich mal mit dem Schlüssel erwischt. Da hat er mich nur angeschaut – und schmunzelnd wieder weggeschaut, ohne ein Wort zu sagen.

Gerda Danner ist mit ihren vierzehn Jahren noch recht unbeschwert. Sie empfindet die Gefahr nicht so stark wie ihre ältere Schwester Irene. Ihr heiteres Wesen hilft ihr dabei. Sie glaubt, daß alles sich zum Guten wenden wird, irgendwann, bald schon. Adolf Althoff erlaubt ihr, die Besucher an ihre Plätze zu führen. Die mögen die hübsche kleine Zirkusprinzessin, stecken ihr oft ein Trinkgeld zu.

✦

Maria Althoff dreht es das Herz um, wenn sie Irene sieht. Ihr Gesicht ist so schmal, daß die Augen übergroß wirken. Nie lacht sie. Und immer ist sie in Eile. Ihr Baby trägt sie dabei meist auf dem Arm, ganz eng an sich gedrückt. Es ist eigentlich schon viel zu schwer für die zarte junge Frau. Einen Kinderwagen besitzt Irene nicht. Maria Althoff nimmt sich vor, bei nächster Gelegenheit einen zu organisieren.

Maria Althoff:

Sie war so ein junger, blühender Mensch, der doch erst am Anfang seines Lebens stand. Und sie hatte schon so viel Leid erfahren müssen. Das mit ihrer Großmutter war wohl das

9 ALTHOFFS COURAGE

ADOLF Althoff stellt seinen königsblauen Opel Admiral in der Nähe des Bahnhofs von Ludwigsburg etwas waghalsig an einer Straßenecke ab. Die noble und dazu noch blank geputzte Limousine fällt auf in diesen Kriegstagen, die von Hunger, Sorgen und Trostlosigkeit gezeichnet sind. Doch Adolf Althoff ist der Meinung, daß ein Zirkusdirektor auch in schwerer Zeit ein Gentleman bleiben muß. Und dazu gehört neben der Krawatte zum korrekten Anzug eben auch das entsprechende Auto. Um aber Benzin zu sparen, steigt er in den Zug nach Stuttgart um, wo er einiges zu erledigen hat. Als er am Abend zurückkommt, ist sein Auto verschwunden. »Abgeschleppt, natürlich! Aber die sollen mich kennenlernen«, sagt Althoff laut und kneift seine blauen Augen kampflustig zusammen. Auf der Polizeiwache weiß man natürlich schon Bescheid über das verschwundene Auto und seinen Besitzer. Ein Polizist unterbricht ungerührt den schimpfenden Althoff: »Gehen Sie zur Gestapo. Die warten schon auf Sie.«

Vor einem solchen Befehl würde wohl jeder andere zittern in diesen Zeiten. Nicht so Adolf Althoff.

»Aha, Sie also sind der Zirkusdirektor Adolf Althoff«, sagt der Uniformierte. Dabei lümmelt er sich hinter seinem Schreibtisch auf einem Stuhl, und die brennende Zigarette hängt in seinem Mundwinkel. »Setzen Sie sich erst mal anständig hin, wenn Sie mit mir sprechen. Und nehmen Sie gefälligst die Zigarette aus dem Mund!« befiehlt Althoff in seinem strengsten Chef-Ton. Verblüfft tritt der Mann die Zigarette mit der Sohle seines Stiefels aus, drückt den Rücken gerade, räuspert sich kurz, so als wolle er sich Mut machen. Dann hat er sich wieder in der Gewalt:

»Geboren?«

»Natürlich. Das sehen Sie doch!«

»Wann?«

»Am 25. Juni 1913.«

»Wo?«

»Sulzbeck im Kreis Geldern.«

»Schulden?«

»Keine.«

»Wieviel Angestellte?«

»Sechzig.«

Kleine Pause. Und dann fragt der Beamte mit lauernder Stimme, jedes Wort genüßlich in die Länge dehnend:

»Sechzig Angestellte und nicht in der Partei. Warum nicht?«

»Weil ich Artist bin. Und den Artisten gehört die ganze Welt.«

»Die gehört uns sowieso bald«, zischt der Mann. »Aber trotzdem rate ich Ihnen dringend, in die Partei einzutreten. Oder haben Sie etwas gegen die Nationalsozialisten?«

Adolf Althoff lenkt scheinbar ein: »Nein, natürlich nicht. Ich tue nur meine Pflicht. Lassen Sie mir noch etwas Zeit. Ich werde eintreten, bestimmt.«

Für dieses Mal ist er entlassen, sein Auto bekommt er auch wieder zurück. Er setzt sich ans Steuer und fährt laut pfeifend zum Zirkus. Der Direktor freut sich wie ein Schuljunge über seinen Streich. Denn er weiß, daß der Zirkus am nächsten Tag weiterzieht. Das bedeutet: ein neuer Ort, neue Kontrollen, neue Gesichter. Und die von gestern sind vergessen.

Regelmäßig lassen sie sich von ihm an der Nase herumführen, die Herren von der Gestapo. Er ist aber auch das Prachtexemplar eines hochgewachsenen, blonden und blauäugigen Ariers. Er hat einen guten Namen, einen vorbildlichen Betrieb, und er sorgt ordentlich für seine Angestellten.

So schafft es Adolf Althoff bis zum Schluß, sich vor dem Eintritt in die Partei zu drücken. Und wenn sich Uniformierte seine Vorstellung anschauen und beim Schlußapplaus ihre Macht demonstrieren, ist er regelmäßig verschwunden.

Adolf Althoff:

Nie, nie hätte ich meine Hand zum Hitlergruß erhoben. Diesem Verbrecher wollte ich keine Ehre erweisen. Ich hätte dann einfach gesagt, daß ich eine Schulterzerrung habe, wenn mich einer dumm angesprochen hätte. Aber das wußte ich zu verhindern.

Als der Krieg zu Ende war, mußte ich, wie viele andere, beweisen, daß ich nie in der Partei war.

Entnazifizierungsverfahren nannten sie das. Ein seltsames Wort. Wenn ich ein Nazi gewesen wäre, hätten sie mich also per Gehirnwäsche zu einem harmlosen Bürger gemacht, der mit den Nazis nie etwas am Hut hatte. Auf einem Formular mußte ich bestimmt an die hundert Fragen beantworten. Die erste lautete, ob ich in der Partei war. Ich schrieb aus ehrlichem Herzen »nein« dahinter. Dann wurde ich zu einem Herrn Rosenthal bei den amerikanischen Besatzern in Stuttgart vorgeladen. Der wollte nicht glauben, daß ich kein Parteimitglied war. Er sagte, jemand habe das genaue Gegenteil behauptet. Und es sei ja auch logisch, denn sonst hätte ich doch wohl nicht bis zum Schluß einen Zirkus führen dürfen.

Der mich verleumdet hatte, war einer vom Zirkus Holzmüller, der in mir einen erfolgreicheren Konkurrenten sah. Ich sagte zu Herrn Rosenthal: »Ganz einfach, entweder Sie verhaften den Kerl, der so etwas behauptet – oder Sie sperren mich wegen Meineids ein.« Das imponierte ihm wohl. Später erfuhr er, daß wir Juden versteckt hatten. Er schickte uns Freßpakete in den Zirkus. Und ich bekam als erster eine Lizenz zum Weiterspielen, noch vor meinem Bruder Franz Althoff und vor allem vor Willi Holzmüller, was mich besonders freute.

Auch Einberufungsbefehle ignoriert Althoff schlitzohrig. Wenige Monate vor Kriegsende kommt der letzte von vielen.

Adolf Althoff:

Der Postbeamte stellte sein Fahrrad an der Eingangspforte zu unserem Zirkus ab. Dann kam er zögernd herein und schaute sich um. »Sind Sie da, Herr Althoff?« rief er laut. Natürlich hatte ich ihn längst gesehen. Ich ging zu ihm hin und antwortete: »Nein, erst in ein paar Tagen.« Er sagte seufzend, während ich ihm ein ordentliches Trinkgeld zusteckte: »Tja, dann muß ich den Gestellungsbefehl eben wieder mitnehmen.«

Es hat mir diebischen Spaß gemacht, mich bei den Behörden dümmer zu stellen, als ich in Wirklichkeit war. Einmal sagte ein Mitarbeiter der Reichstheaterkammer, der mir unsere Tourneeplätze für die kommende Saison aushändigte: »Nehmen Sie es mir nicht übel, Herr Althoff, ich will Sie ja nicht beleidigen, aber ich wundere mich, wie jemand wie Sie überhaupt einen Zirkus führen kann.« Genau das wollte ich erreichen. Die dumme Tour zog immer.

✦

Große Sorgen macht sich Adolf Althoff nicht um die Juden in seinem Zirkus. Zumindest nicht nach außen hin. Er glaubt an das Glück, das er bisher hatte. Er hat ihnen Unterschlupf gewährt, und damit die Verpflichtung übernommen, sie zu beschützen, egal, was noch kommt. Aber es wird schon gut gehen. Man muß halt improvisieren können. Und darin ist er ein wahrer Meister. Nie sagt er richtig nein, niemals aus vollem Herzen ja. Immer ein bißchen nein und ein bißchen ja, so verdirbt er es sich mit keinem. Dabei hilft ihm, daß der Zirkus von Ort zu Ort zieht. Da läßt sich vieles vertuschen.

Adolf Althoff:

Wenn die Herren Nazis kontrollieren kamen, wußte ich meist schon Bescheid durch unseren Betriebsobmann Franz. Die wollten sich zunächst überzeugen, ob technisch alles in Ordnung war mit dem Zelt. Wie die Leute untergebracht waren, ob wir keine unerwünschten Ausländer oder gar Juden beschäftigten. Dann wollten sie etwas über meine Einstellung erfahren. Ich sagte ihnen immer wieder, daß ich ein Zirkusmensch sei und daß Zirkusmenschen auf der ganzen Welt und von der ganzen Welt leben. Denn wir könnten nicht nur in Deutschland existieren, wo es so viele Zirkusunternehmen gebe. Deswegen müßten wir uns in jedem Land, in dem wir unsere Künste zeigten, genau so benehmen, wie wir es zu Hause tun. Nämlich gut. Ich war immer besonders freundlich, schenkte ihnen Freikarten für die verehrte Familie, goß fleißig Cognac ein, erzählte Geschichten aus meiner Vergangenheit, etwa, wie ich als Neunzehnjähriger in Kiew mit Bären aufgetreten war. Rußland zog immer. Sie bewunderten unseren Zirkus, weil er so ordentlich war. Wenn sie das Gelände kontrollieren wollten, konnte ich das meistens abbiegen. Ich sagte ihnen dann, ich hätte einen unaufschiebbaren Termin bei einem ihrer Vorgesetzten, aber meine Frau Maria würde sich weiter um sie kümmern. Sie hatte dann bereits in unserem Salonwagen den Tisch gedeckt und bewirtete sie mit Kaffee. Die Cognac-Flasche hat sie nie vergessen. Der Ruf unserer Gastfreundschaft eilte uns voraus.

Trotzdem wird das Leben im Versteck für Irene und ihre Familie immer schwieriger und gefährlicher. Irene tritt nach wie vor im Clowns-Trio auf, assistiert Maria Althoff bei ihrer Elefanten-Dressur.

Die beginnende »Endlösung der Judenfrage« und der daraus folgende organisierte Massenmord in den Vernichtungslagern löst eine beispiellose Hetze auch unter der Bevölkerung aus. Kein Jude im Deutschen Reich ist mehr sicher vor Denunzianten und Häschern. Aber auch alle möglichen anderen »Volksschädlinge«, zu denen Angehörige von »Feindvölkern«, Homosexuelle, Zigeuner und Geisteskranke gerechnet werden, müssen um ihr Leben fürchten. Auch deutschen Frauen und Männern, die sich mit solchen »Volksschädlingen« einlassen, drohen Folter und Gefängnis.

Die gefürchtete Geheime Staatspolizei ist allgegenwärtig. Und da helfen letztendlich auch kein Kaffee und kein Cognac mehr.

Unter den Althoff-Artisten befindet sich ein Marokkaner, der mit einer deutschen Frau zusammenlebt. Jemand muß ihn verraten haben. Denn eines Tages, als die beiden zusammen im Wohnwagen sind, kommen zwei Männer von der Gestapo und holen sie ab. Über das Schicksal der Frau ist den Althoffs nichts bekannt geworden. Der Mann hat sich nach dem Krieg wieder bei ihnen gemeldet. Der Lageroffizier in dem KZ, in das man ihn gesteckt hatte, so erzählte der Artist, habe mehrere Hunde besessen und sei ein großer Zirkusfreund gewesen. Der Gefangene dressierte die Tiere, so daß sie allerlei Kunststückchen machen konnten zum Entzücken ihres Besitzers. Dafür bekam er extra Essensrationen und andere Vorzugsbehandlungen. So überlebte er.

Der Verräter ist bald gefunden. Es ist der Berliner Artist Fritz Lehmann, der auf Holzschuhen über das Hochseil läuft. Peter Bento merkt zuerst, daß ein Denunziant unter ihnen lebt.

Peter Bento:

Wir hörten alle heimlich im Radio den Sender BBC London, die »Stimme der Vereinten Nationen«. Die Botschaften wurden in mehreren Sprachen verlesen, auch in deutsch. So erfuhren wir aus der Sicht der Alliierten alles über den Fortgang des Krieges. Den Feindsender zu hören war bei Todesstrafe verboten. Man mußte sehr vorsichtig sein. Wir steckten unseren Volksempfänger meist unter die Bettdecke. Der Lehmann hat das irgendwie mitgekriegt und drohte uns nun, es zu melden.

Seit dem Bombenangriff auf Mainz, bei dem unser Wohnwagen zerstört worden war, mußten Irene und ich häufig in den Orten übernachten, in denen wir gastierten. Es war nicht immer einfach, ein Zimmer zu finden. Viele Menschen wurden mißtrauisch, wenn das Zirkusvolk auftauchte. Sie besuchten uns zwar gern in unserer Vorstellung, lachten über unsere Späße oder fürchteten sich wohlig bei unseren waghalsigen Kunststücken, aber sonst wollten sie nichts mit uns zu tun haben. Gaukler und Zigeuner, die stahlen doch immer noch die Wäsche von der Leine, wie in alten Zeiten ...

Unser Gastspielort hieß Aussig im Sudetenland. Hier fanden Irene und ich nach langem Suchen ein Zimmer. Unser Kind blieb bei den Großeltern im Zirkus. Das Zimmer hatte nur einen Haken. Um dorthin zu gelangen, mußten wir durch das Schlafzimmer der Vermieterin. Sie hatte uns erzählt, daß ihr Mann im Feld in Rußland kämpfe, und dabei tüchtig gejammert. Sie rührte meine kleine Irene zu Tränen. Eines Abends schlichen wir uns durch den dunklen Gang, der zu den Schlafzimmern führte. Da sahen wir über einem Stuhl die Uniform eines französischen Soldaten hängen. Es war einer der Kriegsgefangenen, die in Deutschland zur Zwangsarbeit eingesetzt waren.

Der Lehmann hatte Irene gegenüber schon öfter Bemerkungen gemacht. Er wußte, daß ihre Mutter eine Jüdin war. Doch gesehen hatte er Alice Danner glücklicherweise noch nie. Wenn ich in Irenes Nähe war, traute er sich nicht so recht, sein Schandmaul aufzureißen. Auch auf meinen besten Freund Mohamed hatte er es abgesehen. Immer wieder hänselte er ihn wegen seiner dunklen Hautfarbe.

Wie jeden Tag standen wir Artisten herum und warteten auf den Beginn der Nachmittagsvorstellung. Da erzählte ich, daß meine Vermieterin mit einem Franzosen ins Bett gehe, wäh-

rend ihr Mann in Rußland fürs Vaterland kämpfe. Ich sagte, daß ich das nicht in Ordnung fände. Das hörte der Lehmann und sagte, mit einem Blick auf mich, den Belgier: »Die größten Huren gibts ja wohl in Belgien.« Ich antwortete wütend: »Wenn Sie behaupten, daß die belgischen Frauen Huren sind, dann sind die deutschen es erst recht.« Darauf hatte er nur gewartet. Jetzt konnte er mir endlich eins auswischen. Er lief zu Frau Althoff: »Der Bento behauptet, Sie seien eine Hure.« Frau Althoff wollte ihm das nicht so recht glauben und nahm mich ins Gebet. Ich erzählte ihr die ganze Geschichte, und sie sagte: »Paß auf, Peter, der läßt euch keine Ruhe mehr.«

Und tatsächlich, ein paar Tage später wollte die Gestapo mich zu einem Verhör abholen. Doch Maria Althoff hatte rechtzeitig von dem bevorstehenden »Besuch« erfahren und mich gewarnt, so daß ich mich verdrücken konnte. In bewährter Weise beruhigte und bewirtete sie dann die Männer.

Aber Lehmann ließ nicht locker. Einmal fragte er den Chef: »Was machen eigentlich die Juden hier im Zirkus?« Das hätte er besser gelassen. Althoff fing nun seinerseits an, den Lehmann zu provozieren. Er sagte ihm zum Beispiel, daß sein Drahtseilakt zu lahm sei und daß seine Frau, die ihm assistierte, in ihrem engen Flittergewand ordinär wirke. Das ließ sich Lehmann nicht gern sagen. Und so ergab ein Wort das andere. Schließlich brüllten sich die beiden an. Da sagte Althoff plötzlich ganz ruhig: »Sie haben mich beleidigt, Herr Lehmann, tut mir leid, für Sie ist hier kein Platz mehr.« Auf so elegante Weise löste er das Problem. Lehmann und seine Frau mußten den Zirkus verlassen. Glücklicherweise haben wir nie wieder von ihnen gehört.

»Was hecken unsere drei Musketiere bloß wieder aus?« denkt Maria Althoff, als sie ihren Mann mit Peter Bento und Mohamed wie ein Verschwörertrüppchen zusammenstehen sieht. Später verlassen die drei gemeinsam das Zirkusgelände.

Althoff kann auf die beiden zählen. Sie sind inzwischen seine treuesten Freunde geworden. Wenn sie gemeinsam irgendwo hingehen, kommt es häufig zu Streitereien und manchmal auch zu Schlägereien, denn schon allein durch ihr Auftreten provozieren sie die anderen, vor allem die in den Uniformen. »So sind sie halt, die jungen Männer«, denkt Maria Althoff, als sie ihnen nachschaut, wie sie in Althoffs Auto steigen und davonbrausen. Doch Angst hat sie immer und ist froh, wenn die drei wieder heil zurück sind. Sie kennt das aufbrausende Temperament ihres Adolfs. Wenn ihm etwas nicht paßt, sagt er es laut und deutlich. Zivilcourage zu haben, das kann in diesen Zeiten lebensgefährlich sein. Peter und Mohamed lassen sich nur zu gern mitreißen von ihrem Chef. Sie bewundern seine Chuzpe.

✦

Mohamed Saharaoui Faroki kam am 20. August 1924 in Tanger zur Welt. Als er neun Jahre alt war, nahm ihn sein Onkel mit zum Zirkus. Seine Truppe nannte sich Ben-Mohamed-Truppe. Es waren arabische Springer und Pyramidenbauer. Bald schon wurde der Junge ihr Obermann. Weil er am wenigsten wog, mußte der kleine Mohamed auf die Spitze der Pyramide klettern und sich dort auf den Kopf stellen. Die Ben-Mohamed-Truppe arbeitete bei Sarrasani, bei Krone, im »Wintergarten« Berlin. Und schließlich bei Dominik Althoff. Als dessen Sohn Adolf seinen eigenen Zirkus gründete, gingen sie mit ihm.

Adolf Althoff:

Als Mohamed das erste Mal zu uns kam, war er der Lehrling in seiner Truppe. Lehrlinge bekommen erst mal Dresche. Sie müssen für alles geradestehen. Das ist im Zirkus üblich. Erst so werden sie zu richtigen Artisten. Später habe ich mich mit Mohamed angefreundet. Ich sagte immer zu ihm, wenn er mal wieder wegen seiner Hautfarbe angegriffen wurde: »Mohamed, warte nur ab, wenn der Krieg erst vorbei ist, dann bekommen die alles zurück, was sie uns angetan haben.«

Mohamed war mein Freund, obwohl ich sein Chef war und er mich immer Herr Althoff nannte. Bis heute ist das so geblieben. Wir hatten in jeder Saison neue Artisten. Mohamed ist immer geblieben. Auch auf Peter Bento konnte ich mich verlassen. Dieser Lausekerl stieg nachts in fremde Gärten ein und klaute Kirschen und Pflaumen. Die brachte er seiner Irene und meiner Maria.

Wir gastierten in dieser Saison 1943 unter anderem in Görlitz. Als wir am ersten Abend unser Zelt aufgebaut hatten, beschlossen wir drei, ins Kino zu gehen. Es gab den Film »Münchhausen« mit Hans Albers. Peter und Mohamed behaupteten immer, ich sei genau so ein tollkühner Typ wie der blonde Hans. Mit der Straßenbahn fuhren wir zurück zum Zirkus. Sie war voller Menschen. Der Kerl in der braunen Uniform, der neben uns stand, sagte plötzlich: »Ausländer raus, wir brauchen Platz für unsere Volksgenossen.« Damit meinte er natürlich den Mohamed mit seinem dunklen Gesicht. Ich brüllte zurück: »Ja, raus die Ausländer, alle! Auch der Fahrer. Der sieht auch nicht gerade wie ein Arier aus. Und du Großschnauze fährst die Straßenbahn weiter!« Der Mann war baff. Wir blieben bis zu unserer Station in der Straßenbahn. Peter sagte hinterher: »Da sind Sie aber ein bißchen zu weit gegangen, Herr Althoff. Der hätte uns alle drei einkassieren können.«

Ein anderes Mal besuchten wir in unserem Gastspielort Schwenningen eine Wirtschaft. Mohamed und Peter unterhielten sich in Französisch. Da sagte der Wirt: »Wenn ihr euch hier unterhalten wollt, dann gefälligst auf deutsch, nicht auf polnisch.« Ich schaute ihn an: »Sie sind aber ungebildet. Das ist nicht Polnisch, sondern Französisch.«

Er drohte mir: »Ja, was willst denn du?«

»Ich will überhaupt nichts. Aber wenn Sie etwas von mir wollen, dann kommen Sie bitte vor die Tür.« Ich war immer höflich.

Draußen wartete ich auf ihn. Als er schließlich herauskam, langte ich blitzschnell zu. Mein Kinnhaken saß, der Mann lag am Boden. Dann ging ich wieder zurück in die Wirtschaft und tat, als sei nichts geschehen.

✦

Adolf Althoff ist jetzt 30 Jahre alt. Er trägt eine große Verantwortung für seinen Zirkus und seine Angestellten. Die meisten leben während der Saison mit ihrer Familie beim Zirkus. Althoff nimmt diese Verantwortung ernst. Er ist ein gerechter und menschlicher, aber auch ein autoritärer Chef, der keine Unpünktlichkeiten und Schlampereien durchgehen läßt. In seinem Zirkuszelt sind Artisten jeder Nationalität, Hautfarbe und Religion willkommen. Für ihn zählt nur ihre Leistung. Darin ist er sehr anspruchsvoll. So ist er von seinem Vater erzogen worden.

Doch Nazis wie den Berliner Artisten Lehmann duldet er nicht in seinem Zirkus. Nicht nur wegen der jüdischen Lorchs, die bei ihm Zuflucht gefunden haben. Althoff haßt jede Form von Obrigkeit und Diktatur. Und ganz besonders die Nazis. Für ihn ist der Gedanke an die Ausrottung jüdischer Mitbürger schier unerträglich. »Ich kann sie doch nicht einfach ihren Mördern ausliefern,« sagt er über die Lorchs, »dann werde ich ja selbst zum Mörder.« Manchmal drückt ihn seine Verantwortung schwer. Aber das würde er nie zugeben.

Auf der anderen Seite ist Adolf Althoff ein junger Mann, tollkühn, fröhlich, immer zu Späßen aufgelegt. Wenn er mit seinen Kumpanen Peter und Mohamed zusammen ist, vergißt er die dunklen Wolken der Todesgefahr, die ständig auf seinen Zirkus drücken. Dann fühlt er sich unverletzbar und provoziert seine

Gegner, wo er nur kann. Peter Bento sagt oft über seinen Chef: »Ich wundere mich, daß sie ihn noch nicht an die Wand getellt haben.« Aber Althoff ist auch schlau und schlitzohrig. Wer seinen täglichen Umgang mit den Nazi-Oberen als Feigheit oder Unentschlossenheit auslegen oder ihm gar ein gerades Rückgrat absprechen würde, läge völlig falsch. Er tut nur so. In Wirklichkeit verhält er sich wie bei der Bärendressur. Zunächst beobachtet er seine Gegner ganz genau. Und wenn er eine schwache Stelle entdeckt, greift er an. Dann ist er ihr Bezwinger. Althoff ist kein reiner Held, er ist nur ein Mensch mit Stärken und Schwächen. Doch beide weiß er richtig einzusetzen.

10 »GEHT ANGELN!«

IN der Nacht hat es geregnet. Jetzt, am Morgen, ist der Himmel wie blankgeputzt. Federleichte weiße Wolkengebilde haben sich an einigen Stellen vor sein kräftiges Blau geschoben. Die Vögel zwitschern fast schon aufdringlich laut. Ein heiterer Sommertag kündigt sich an, der die Menschen hinaus in die Natur lockt.

Auf dem schmalen Feldweg geht eine Gruppe von Menschen. Der junge Mann trägt eine Angel und einen Korb. Die Frau schiebt einen Kinderwagen. Ein junges Mädchen hilft ihr dabei, denn der Weg ist holprig. Die dritte Frau mit dem Rucksack auf den Schultern hat ein Kopftuch umgebunden. Sie wollen sicher zum nahen See, wollen Blumen pflücken, mit dem Kind spielen, vielleicht einen Fisch fangen, irgendwann die mitgebrachten Vesperbrote und die Limonade auspacken und ein gemütliches Picknick machen. Einem Beobachter würde allerdings auffallen, daß sie viel zu hastig gehen für Ausflügler, die eigentlich den ganzen Tag vor sich haben. Doch glücklicherweise beobachtet sie niemand.

»Nun renn' doch nicht so«, sagt Peter Bento und faßt nach der Schulter von Irene, »wir müssen uns ganz normal benehmen. Wir dürfen nicht auffallen.« Irene beugt sich zu ihrem kleinen Jungen im Kinderwagen, der jämmerlich schreit. Unsanft ist er geweckt worden an diesem Morgen. Es blieb noch nicht einmal die Zeit für sein Fläschchen und eine frische Windel. »Pssst, Peterle«, beruhigt Irene ihr Kind, »wir sind gleich da, und dann bekommst du ein ganz leckeres Fläschchen. Aber sei jetzt bitte, bitte still.« Ängstlich schaut sie den Feldweg zurück und hinunter zum Waldrand. Aber kein Mensch ist zu sehen.

Durch die Bäume schimmert das Wasser eines Sees. An seinem flachen Ufer lassen sie sich nieder. Irene breitet eine Decke auf dem Gras aus und legt ihr Kind darauf. Aus dem Rucksack, den ihr die Mutter schweigend reicht, holt sie eine frische Windel. Sie ist noch etwas feucht, Irene hat sie direkt von der Leine hinter dem Wohnwagen genommen. Das Fläschchen mit der Milch darin stellt sie in die wärmende Sonne. Peter befestigt einen Köder an seiner Angel, wirft sie schwungvoll hinaus ins Wasser. Sanft kräuselt es sich dort, wo der Köder versinkt, zieht immer größere Kreise.

Peter Bento besitzt einen Angelschein, den er immer in der Hosentasche trägt, zusammen mit seinem belgischen Paß. So ist er für eine Kontrolle gerüstet. Adolf Althoff hat ihm die braune Karte für Ausländer besorgt. Er selbst besitzt eine blaue. Zusammen sind sie oft angeln gegangen, wenn auf ihrer Reiseroute ein See oder ein Fluß in der Nähe war.

Aber das hier ist eine andere Situation. Niemand redet. Nur der kleine Peter, der jetzt satt und sauber ist, geht auf allen vieren auf Entdeckungsreise und stößt dabei zufriedene Laute aus. Jetzt erweckt ein gelber Schmetterling, der sich auf einer sanft schaukelnden Blume niedergelassen hat, seine Aufmerksamkeit. »Da, da«, kräht das Kind laut. Irene nimmt es auf den Arm und drückt ihm einen Kuß auf den Mund, »sei still, sei bloß still«, flüstert sie. An Brot haben sie nicht gedacht bei ihrem überstürzten Aufbruch. Und auch nicht an etwas zu trinken. Gerda hat sich auf die Wiese gelegt und liest in einem Buch. Alice Danner behält ihr Kopftuch auf, obwohl die Sonne immer wärmer wird. Sie trägt grobe Schuhe mit dicken Socken darin. So sieht die einst so elegante Frau fast wie eine Bäuerin aus. Sie sitzt ganz still da und starrt in die Ferne. Keiner weiß, was sie denkt.

Plötzlich strafft sich die Angel. Peter springt auf, zieht sie mit beiden Armen vorsichtig aus dem Wasser. Tatsächlich, ein Fisch zappelt daran. Und was für ein dicker! Das wird ein gutes Abendessen geben. Und es wird für alle reichen, sogar für den alten Bento und für Hans Danner, die im Zirkus geblieben sind. So hat sich die erzwungene Landpartie wenigstens gelohnt.

Am frühen Morgen dieses Julitags im Kriegsjahr 1943 hat es dreimal leise an die Tür ihres Wohnwagens geklopft. Alle sind sofort wach. Sie kennen das Zeichen. Draußen steht Adolf Althoff und flüstert: »Ihr müßt mal wieder angeln gehen.« Manchmal ist er noch kürzer, wenn selbst für ein paar freundliche Worte die Zeit nicht reicht: »Geht angeln!« Sie wissen sofort Bescheid. Die Gestapo ist im Anmarsch. Althoff hat es im letzten Moment erfahren. Nicht immer melden sie sich vorher an.

Peter Bento:

Wenn es einen See oder einen Fluß in der Nähe gab, sind wir angeln gegangen. Doch von einem idyllischen Ausflug konnte beim besten Willen keine Rede sein. Da war nichts im Picknickkorb, wir hatten doch sowieso kaum etwas zu essen. In Wirklichkeit haben wir unser Kind, oder später unsere beiden Kinder, in den Wagen gestopft oder unter den Arm genommen und sind losgerannt. Manchmal nur in den nächsten Park oder in die Stadt hinein. Die Angst saß uns die ganze Zeit im Nacken. Nach ein paar Stunden schlich ich mich in Richtung Zirkus, um zu sehen, ob die Autos noch dastanden. Man konnte sie gut erkennen. Die Judenjäger kamen ja meistens im Mercedes. Wenn die Luft rein war, lief ich zurück und holte die anderen.

In der kurzen Zeit, in der ich von Irene weg war, steigerte sich ihre Angst ins Unermeßliche. Sie zitterte am ganzen Körper. Wenn ich sie dann in den Arm nehmen wollte, zuckte sie zurück.

Es war überhaupt sehr schwierig zwischen uns geworden. Irene schämte sich vor mir wegen der Narben auf ihrem Bauch. Immer trug sie nachts ein langes Hemd, duldete nicht, daß ich es ihr auszog. Ich konnte ihr noch so oft sagen, daß mich die Narben überhaupt nicht störten, fast trotzig blieb sie bei ihrer Weigerung.

Unsere zärtlichen Stunden waren selten geworden, dabei sehnte ich mich so nach Irene. Aber es sollte alles noch schlimmer kommen. Ruhige Nächte gab es für uns kaum noch.

Manchmal übernachteten wir im Ort. Dann wurde Irenes Mutter vorgeschickt, um ein Quartier zu suchen. Sie hatte mehr Glück als ich. Man hielt sie, wie auch Irene, für eine Italienerin. Einmal, in Bautzen, kamen wir nach der Vorstellung in das Zimmer, das meine Schwiegermutter für uns gefunden hatte. »Hier riecht es nach Wanzen«, stellte ich fest. Kaum hatten wir uns auf die zwei Betten verteilt und das Licht ausgemacht, juckte es mich auch schon. Den anderen ging es genauso. Wir knipsten das Licht wieder an. Die ganze Wand war voller schwarzer Punkte. Als Irene unser Baby auf den Arm nahm, war auf dem Kissen sein Köpfchen als heller Fleck abgebildet. In großer Panik packten wir unsere Sachen zusammen und gingen mitten in der Nacht zu Fuß zum Zirkus zurück. Die letzten Stunden verbrachten wir im Garderobenwagen auf dem dicken, grünen Filzteppich, der den Bodenakrobaten von Mohameds Truppe als Unterlage diente. Noch heute, wenn ich an jene Zeit denke, steigt mir der fürchterliche Gestank des Wanzenvernichtungsmittels Cuprex in die Nase, das wir damals verwendeten, um die lästigen Quälgeister loszuwerden.

Auch der Elektrowagen, der den ganzen Zirkus mit Strom versorgte, diente uns oft als nächtliches Versteck. Irenes Vater, der für die gesamte Elektrizität zuständig war, besaß neben Herrn Althoff den einzigen Schlüssel zum Wagen. Er achtete immer darauf, daß die Althoffs es nicht merkten, wenn er den Wagen für uns aufschloß. Er wollte sie einerseits nicht beunruhigen, aber selbst auch etwas dazu beitragen, seine Familie zu retten. Viel mehr konnte er ja nicht tun, denn er war längst selbst in Ungnade gefallen beim Militär. Im Elektrowagen stand der Dieselmotor und daneben eine große Schalttafel. Hinter ihr lagen die Kabel, ein ganzer Berg. Auf ihnen haben wir manche schlaflose, bange und unbequeme Nacht verbracht.

Irene Bento:

Wir waren ganz steif, als wir am frühen Morgen unser ungemütliches Nachtquartier verließen. Auf dem Zirkusgelände war es noch völlig ruhig. Alle schliefen. Die hatten es gut! Als wir jedoch an Althoffs Salonwagen vorbeischlichen, stieg mir ein köstlicher Duft in die Nase. Frisch gebrühter Kaffee! Den hatte ich schon lange nicht mehr gerochen. Für Juden gab es eine solche Kostbarkeit nicht mehr.

Da öffnete sich die Tür des Salonwagens einen Spalt und Maria Althoff winkte uns: »Kommt, ihr armen Kinder, ich habe gerade Kaffee gekocht.« Das ließen wir uns nicht zweimal sagen. Er schmeckte einfach – himmlisch.

Noch heute, wenn mir nach einer schlechten Nacht mit quälenden Angstträumen morgens der Kaffeeduft in die Nase steigt, ist das ein tröstliches Gefühl: Ein neuer Tag beginnt. Alles wird gut. So wie damals.

Nachdem ihr Wohnwagen in Mainz von Brandbomben vernichtet worden ist, stellt Adolf Althoff den Bentos schließlich einen neuen zur Verfügung. Weiß der Himmel, wo er ihn aufgetrieben hat. Der hölzerne Wagen ist eigentlich recht groß, aber zu viele Menschen müssen darin leben. Er besteht aus drei Abteilen.

Im ersten wohnen Irene und Peter mit ihrem Kind, im zweiten Gerda mit den Eltern, im dritten Mohamed mit seinem Onkel.

Jedes Abteil ist ungefähr zweieinhalb Meter breit und zwei Meter lang. Bei Peter und Irene sind drei Betten übereinander gebaut. Das untere entfernen sie sofort, damit sie etwas Platz gewinnen für ihren Hausrat. Sie selbst schlafen im mittleren, das Kind, später die beiden Kinder, über ihnen. Hinter den Betten ist ein Waschbecken angebracht, an der Rückwand ein fest installierter Schrank. In der gegenüberliegenden Ecke steht ein kleiner Kohleofen. Sein Rohr läuft an der Decke entlang hinüber ins nächste Abteil, das so mitgeheizt wird. Im dritten steht noch so ein winziger Ofen, und auch er schickt Wärme, wenn es etwas zu heizen gibt, hinüber ins Nachbarabteil. Neben dem Ofen kann ein kleiner Tisch aufgeklappt werden. Für mehr als zwei Campingstühle ist kein Platz. Das Babyfläschchen macht Irene auf dem Ofen warm, manchmal, wenn sie nichts zu heizen haben, versucht sie es notdürftig mit einer Kerze.

Nur wenig Licht dringt von draußen in die Abteile. Lediglich über den Türen sind kleine Klappfenster angebracht. Nur an warmen Sommertagen, wenn sie auch die Tür öffnen können, ist es drinnen hell.

Ihr gemeinsames Bett ist genau 75 Zentimeter breit. Peter schläft mit dem Rücken zur Wand, Irene schmiegt sich mit ihrem Rücken an ihn. Peter schlingt seinen Arm um ihre Schultern, damit sie nicht im Schlaf aus dem Bett fällt. Als sie zum zweiten Mal schwanger ist, ragt ihr Bauch über die Kante hinaus. Wenn sie sich auf die andere Seite drehen wollen, müssen sie sich vorher verständigen. Erst ist Peter an der Reihe, danach Irene. Manchmal legt er sich auch auf den Fußboden.

Die seltenen Momente, in denen sie allein sein können, müssen sie sich regelrecht stehlen. Durch die dünnen Wände hört man jedes Geräusch aus den angrenzenden Abteilen.

Wenn selbst Adolf Althoffs Warnsystem versagt und sie nicht mehr rechtzeitig weglaufen können vor den Nazihäschern, wird ihr Wohnwagen zur Fluchtburg.

Peter Bento:

Hinter den Schränken befand sich ein schmaler Gang, über ihn konnte man quasi von hinten durch die Schränke in jedes Abteil hineingelangen. Der Wagen war nicht speziell für unser Versteck so konstruiert. Er war für eine Artistenfamilie gedacht, die untereinander Zugang hatte zu den einzelnen Abteilen, wie eben zu den Zimmern einer Wohnung. Mit dem Unterschied, daß aus Platzmangel der interne Zugang hinter den Schränken lag und sehr, sehr schmal war.

Glücklicherweise wußten die »Ledermäntel« das nicht, weil sie keine Ahnung hatten vom Zirkusleben.

Wenn die Situation besonders brenzlig wurde, flüchteten wir durch den Schrank über den schmalen Gang ins letzte Abteil, während sie vorne schon an die Tür klopften und auch sofort eintraten. Wenn sie niemanden vorfanden, verließen sie das Abteil wieder durch die Tür. Dann klopften sie an der Tür des mittleren Abteils. In dieser Zeit huschten wir durch unseren Geheimgang zurück ins erste. Unser Kind, später unsere beiden Kinder, scheinen die Gefahr gespürt zu haben. Sie waren jedenfalls immer mucksmäuschenstill. Irene hatte für solche Gelegenheiten zwei Schnuller um den Hals hängen, die sie ihnen in den Mund drückte. Irene und ich gewöhnten uns fast das Atmen ab in diesen bangen Minuten.

Mohamed ist in dieser Zeit ihr engster Vertrauter. Er kümmert sich besonders um Irene, die er wie eine Schwester liebt. Manche halten die beiden auch für Geschwister, sie mit ihren wilden Locken und dem dunklen Teint, er mit seinen schwarzen Augen im bronzefarbenen Gesicht.

Mohamed füttert und striegelt Frau Althoffs Elefanten. Das gehört zu seinen Pflichten. Auch Irene besucht die Dickhäuter oft in ihrem Stall, spricht mit ihnen, streichelt ihnen sanft über den Rüssel. Sie haben Vertrauen zu ihr.

Eines Abends stehen zwei Männer von der örtlichen Gestapo plötzlich völlig überraschend im Bürowagen von Adolf Althoff. Geistesgegenwärtig ruft er nach Mohamed. Er soll ihm seine Personalliste und eine Flasche Cognac bringen. Mohamed begreift sofort, daß das nur ein Vorwand ist, und läuft zu Irene. Peter ist nicht da. Mit dem Baby rennen sie über den Platz zum Elefantenstall. Da werden sich die Männer wohl kaum hineintrauen, denn Elefanten sind sehr mißtrauische Tiere und können für Menschen gefährlich werden. Mohamed läuft zurück zu Althoff, die Cognacflasche wie eine Trophäe in der Hand. »Wo bleibst du denn so lange?« schimpft ihn der Chef und tut ganz ungehalten. Mohamed deutet einen Diener an und geht rückwärts aus dem Wagen. So etwas imponiert den Herren von der Gestapo.

Hinter den Elefanten sind Strohballen fast bis zur Decke des Stalls gestapelt. Irene zwängt sich mit ihrem Baby dahinter. Es ist so wenig Platz, daß sie sich noch nicht einmal hinsetzen kann. Als Peter Stunden später mit Mohamed zum Elefantenstall geht, bietet sich ihnen ein rührendes Bild. Friedlich schlafen Irene und das Baby im zusammengerollten Rüssel von Althoffs Lieblingselefant Dicki.

✦

Im darauffolgenden Winter hat der Zirkus Althoff sein Winterquartier in Pößneck in Thüringen aufgeschlagen.

Irene ist wieder schwanger. Die ganzen Monate

durch hat sie starke Schmerzen, doch nicht einmal ihrem Peter sagt sie etwas davon. Hinzu kommt die Angst vor einer zweiten Geburt. Um keinen Preis will sie in ein Krankenhaus. Sie weiß nur zu gut, daß die Situation für Juden inzwischen noch viel bedrohlicher geworden ist. Dieses Mal würde sie wohl nicht mit dem Leben davonkommen. Und auch ihr Kind nicht.

Deswegen wollte sie dieses Kind nicht haben. Aber sein Lebenswille war stärker.

Irene Bento:

Von Verhütung hatten wir keine Ahnung, der Peter und ich. Mein Gott, wir waren so naiv. Und obwohl wir so selten wie Mann und Frau zusammensein konnten, bin ich insgesamt neunmal schwanger geworden.

Viermal habe ich abgetrieben. Damals während des Krieges bekamen die Soldaten Chinin-Tabletten gegen alle möglichen Infektionskrankheiten, wie zum Beispiel gegen die Malaria, die sehr verbreitet war. Auch mein Vater war ja an Malaria erkrankt. Mit diesen Tabletten, die wohl zur Grundausrüstung eines jeden Soldaten gehörten, trieben manche einen schwunghaften Handel. Denn die Nebenwirkung von Chinin war allgemein bekannt: Das Medikament konnte bei schwangeren Frauen vorzeitige Wehen auslösen, wenn sie nur genügend davon schluckten. Wie mein Peter an die Tabletten kam, weiß ich nicht. Er brachte sie mir. Dabei traute er sich nicht, mich anzuschauen, drückte sie mir einfach in die Hand und sagte mit brüchiger Stimme, was er über die Wirkung der Tabletten wußte. Ich merkte, wie schwer es ihm fiel.

Drei Stück waren in einem Päckchen. Ich sollte sie alle auf einmal schlucken. Danach wurde mir schrecklich schlecht. Ich taumelte wie eine Betrunkene, konnte mich kaum gerade auf den Beinen halten. Und dann kamen die starken Schmerzen. Und das Blut. Schließlich gingen dicke Klumpen ab. Und das alles in diesem engen Versteck! Wir hatten ja nicht einmal eine Toilette in unserem Wohnwagen. Ich nahm einen Eimer. Niemand außer Peter und unserem Freund Mohamed wußte etwas davon. Meine Eltern sollten es nicht erfahren, sie hatten genug eigene Sorgen. Denn auch meine Mutter war noch einmal schwanger geworden. Aber das Kind, das sie zur Welt brachte, war zu schwach zum Atmen. Es starb wenige Tage nach der Geburt.

Wenn Peter als Clown in die Manege mußte, wenn das Lachen der Menschen aus dem Zelt herüberwehte, kam Mohamed, um mir den Schweiß von der Stirn zu wischen. Dabei weinte er.

Aber nun ist Irene doch wieder schwanger geworden. Alle Versuche, die Schwangerschaft abzubrechen, haben nichts genutzt. Sogar bei einer Frau, die heimlich abtreibt, ist Irene schließlich gewesen. Doch als sie die schmutzige Matratze sah, auf die sie sich legen sollte, und als die Frau auch noch sagte: »Sie sind aber keine Deutsche«, da rannte Irene weg. Dieses Kind sollte leben.

Maria Althoff sieht Irenes dicker werdenden Bauch mit großer Besorgnis. Inzwischen hat auch sie ihr erstes Kind geboren. Franz Althoff ist am 12. Juli 1943 in einem Berliner Krankenhaus zur Welt gekommen. Es gab keine Komplikationen. Mutter und Kind waren aufs beste versorgt. Arische Kinder sind im Deutschen Reich zur Rarität geworden, da immer mehr Soldaten im Krieg fallen. Martin Bormann, der Sekretär des Führers, sorgt sich um den Bestand des deutschen Volkes. Da wird jede deutsche Frau, die ein Kind zur Welt bringt, zur Heldin. Kinder wie die der Jüdin Irene hingegen sollten gar nicht erst geboren werden.

Maria Althoff hat eine Idee, wie sie Irene helfen könnte. Sie und ihr Mann kennen den Chefarzt des Pößnecker Krankenhauses recht gut. Sie sind fast schon Freunde. Das äußert sich bei Adolf Althoff so, daß er mit Geheimrat Dr. Grobe, so heißt der Arzt, Skat spielt. »Und jemand, mit dem ich Skat spiele, ist ein feiner Mensch. Denn ich spiele nicht mit jedem«, hat Althoff einmal erklärt. Dr. Grobe ist Oberstabsarzt, doch unter seiner Uniform schlägt ein mitleidiges Herz.

Auch Althoff weiß, wie schlecht es um Irene steht. Er vertraut Dr. Grobe vollkommen und erzählt ihm von der kleinen Jüdin, die er mit ihren Angehörigen in seinem Zirkus versteckt.

Dieser Mann wird, obwohl er Parteimitglied ist, zu Irenes Lebensretter.

Sie läßt sich schließlich von Maria Althoff überreden, zu Dr. Grobe zu gehen. Adolf Althoff bringt sie heimlich ins Krankenhaus. Selbst Peter gestattet er nicht, mitzukommen. Es genügt, wenn er sein Leben riskiert.

Irene Bento:

Die Althoffs überzeugten mich, daß ich diesem Arzt vertrauen konnte. Als er meinen Bauch zum ersten Mal sah, rief er laut: »Was ist das bloß für ein Mensch, der so etwas verbricht?« Als ich dann auf dem Operationstisch lag und unter der Äthermaske allmählich wegdämmerte, war mein letzter Gedanke: Nur weg. Nichts mehr wissen. Nichts mehr sehen. Ich atmete den Äther wie eine Süchtige ein. Ich wäre auch gern gestorben.

Aber dieser Arzt war so gütig. Am 6. Februar 1944 kam mein zweiter Sohn Jano durch Kaiserschnitt zur Welt. Später erzählte mir Dr. Grobe, daß mein Bauch voller Geschwüre gewesen sei, die mich in absehbarer Zeit getötet hätten. Es sei ein Wunder, daß mein Junge kerngesund zur Welt gekommen wäre.

Der Arzt hat alle Geschwüre entfernt und mich wieder so hingekriegt, daß ich meine drei weiteren Kinder ganz normal bekommen konnte.

Jano war bei seiner Geburt ganz mager und faltig. Es erschreckte mich, wie häßlich er aussah. Aber war es ein Wunder? Auch ich war inzwischen sehr abgemagert, und ich konnte den armen Kleinen nicht stillen. Er war in den ersten Monaten seines Lebens oft krank – aber trotzdem fast immer vergnügt. Mohamed nannte ihn deswegen »das lachende Menschlein«.

Aber auch unter Dr. Grobes Obhut war ich im Krankenhaus nicht sicher. Es gab eine Schwester, die mich nicht mochte und sehr gehässig zu mir war. Eines Tages sagte sie zu Maria Althoff, die mich mit ihrem Kind auf dem Arm besuchen wollte: »Vor dieser Person sollten Sie sich besser hüten.« Als Maria sie fragte, warum, antwortete sie: »Das wissen Sie doch selbst. Sie machen sich mitschuldig.«

Als Dr. Grobe von diesem Vorfall erfuhr, versetzte er die Schwester auf eine andere Station. Groß tadeln konnte er sie ja nicht, denn womöglich hätte sie ihn denunziert.

11 DIE ANGST REIST MIT NACH ÖSTERREICH

OBWOHL es draußen längst hell ist an diesem Frühlingsmorgen im Kriegsjahr 1944 und die Sonne bereits vom Himmel strahlt, dringen nur spärliche Lichtstreifen durch das kleine Fenster in den Wohnwagen. Irene ist schon lange auf. Flüsternd, damit die beiden Kleinen nicht wach werden, hat sie sich von Peter verabschiedet, der, ohne etwas gegessen zu haben, hinaus aufs Zirkusgelände will, um Adolf Althoff bei Reparaturarbeiten am Tiergehege zu helfen. Es ist immer etwas zu tun, und auf Peter ist Verlaß – der Dank des Clowns für das Überleben seiner geliebten Clownesse.

Der kleine Ofen ist abgekühlt über Nacht. Irene muß erst wieder ein paar Holzscheite nachlegen, um Milch für die Kinder zu erwärmen, in die sie Grieß und Zucker rührt. »Mach dir keine Sorgen um mich«, flüstert Peter, »Tante Mariechen hat sicher noch etwas vom Frühstück für mich übriggelassen. Und ich besorge auch Lebensmittel für uns.« Wegen ihrer guten Seele wird Maria Althoff von allen Tante Mariechen genannt. Ihrem Mann paßt das gar nicht. Wo bleibt da der Respekt vor der Frau Direktor?

Dann ist Irene allein mit ihren noch schlummernden Buben. Eng aneinandergeschmiegt liegen sie unter der Decke, die Irene aus Wollresten gestrickt hat. Vorsichtig rückt sie das Baby Jano etwas von seinem älteren Brüderchen weg, damit es nicht von ihm erdrückt wird. So dünn ist ihr Jüngstes, die Haut fast durchscheinend. »Hätte ich es doch nur stillen können«, denkt sie schuldbewußt. Sie päppelt es auf wie ein kleines Vögelchen, das aus dem warmen Nest gefallen ist. Trotzdem ist ihr Sorgenkind häufig krank.

Irene kann sich nicht lösen von dem Traum der vergangenen Nacht. Es ist das erste Mal, daß ihre ermordete Großmutter Sessie Lorch wieder lebendig wurde. Der Traum begann so heiter.

Irene war wieder ein kleines Mädchen. Auf der Wiese hinter ihrem Haus in Eschollbrücken pflückte sie für die Oma einen Blumenstrauß. Glockenblumen, Margeriten, das zarte lila Wiesenschaumkraut, Löwenzahn, Akelei, dazwischen grüner Klee und feine Grasrispen. Sessie Lorch hatte ihr die Namen all der Blumen genannt, die im Frühjahr und Sommer auf der Wiese blühen. Mit ihrem bunten Strauß lief Irene ins Haus, um ihn der Großmutter zu schenken. Doch die alte Frau schaute die Blumen gar nicht an. »Laß nur, Kind, nimm sie fort, ich brauche keine Blumen mehr«, sagte sie mit seltsam tonloser Stimme. Dann legte sie sich auf ihr Sofa und schloß die Augen. Es hatte etwas Endgültiges. Aber Irene dachte nur an ihre Blumen. Beleidigt warf sie den Strauß auf die Erde und knallte ordentlich mit der Tür.

»Ich war so ein glückliches Kind, bevor sich alles veränderte«, denkt Irene wehmütig. »So ein seltsamer Traum! Warum wollte Oma meine Blumen nicht haben?« Irene zündet eine Kerze an, hebt die Matratze hoch und kramt ein Stoffbeutelchen hervor, das sie in ein Wäschestück gewickelt hat. Sie öffnet es, holt eine feine Kette mit einem kleinen goldenen Davidstern heraus. Träumerisch läßt sie das Schmuckstück durch ihre Finger gleiten. Der Sechsstern gilt als Symbol des jüdischen Volkes und Wahrzeichen des Zionismus.

Doch im »Dritten Reich« wurde er zum Stigma für die Juden. Handtellergroß, aus gelbem Stoff mit der schwarzen Aufschrift »Jude«, mußten sie ihn sichtbar auf der linken Brustseite tragen, so lautete die Polizeiverordnung vom 1. September 1941. Wenn untergetauchte Juden ohne Stern erwischt wurden, was meist durch Denunzianten geschah, war ihnen der Tod sicher. So dünn ist das Eis, auf dem sich Irene und ihre Familie bewegen, seit sie sich im Zirkus Althoff verkrochen haben.

Der Großvater hat den goldenen Davidstern seiner Enkelin zu ihrem zehnten Geburtstag geschenkt. Seither hat Irene ihn immer getragen bis zu dem Tag, als sie ins Krankenhaus nach Darmstadt fuhr, um ihr erstes Kind zur Welt zu bringen. Danach hat sie ihn sorgfältig versteckt. Ängstlich schaut sich Irene um. Doch wer, außer ihr und den schlafenden Kindern, soll schon hier im Wagen sein? Sie läßt ihr langes Hemd vom Körper gleiten und legt sich die Kette mit dem Stern um den Hals.

Dann schaut sie sich in einem kleinen Handspiegel an. Wie er schimmert, der Stern! Wie schön er ist! Auch ihre kleinen, runden Brüste gefallen ihr. Mit der Hand führt sie den Spiegel weiter nach unten. Die Taille ist wieder schmal nach der Geburt, das ist gut! Doch dann erstarrt Irene. Ihr Bauch, ihr zerschnittener Bauch mit den roten gezackten Narben! Die hat auch der gute Doktor Grobe nicht mehr wegzaubern können. Entmutigt legt Irene den Spiegel auf die Seite, schlüpft wieder in ihr Hemd, bringt den Davidstern in sein Versteck zurück. Sie ist verstümmelt für ihr ganzes Leben. Irgendwann wird sich ihr Peter in ein Mädchen mit einem schönen glatten Bauch verlieben ...

✦

Der Zirkus Althoff ist nach der Winterpause in Pößneck wieder auf Reisen gegangen, just in den Tagen, als die Zugvögel aus dem Süden ankamen. Zirkusleute brauchen keinen Kalender.

Der Weg führt durch Thüringen, und dann durch das Sudetenland bis hinunter nach Österreich. Die

Orte heißen Plauen, Karlsbad, Marienbad, Krummau, Teplitz-Schönau. In Karlsbad findet Peter Bento einen menschlichen Priester, der bereit ist, seine beiden Kinder zu taufen. Auch Irene will er zu ihrem Schutz in die katholische Glaubensgemeinschaft aufnehmen. Doch sie weigert sich. »Ich möchte meinen jüdischen Glauben behalten, im Gedenken an Oma Sessie und Opa Julius«, erklärt sie standhaft, »außerdem würde es mir jetzt sowieso nichts mehr nutzen, wenn sie mich entdeckten!«

Letzte Station in dieser Saison ist Linz, wo der Zirkus für ein paar Wochen bleiben soll. Seit dem Einmarsch der deutschen Truppen im März 1938 wurde Oberösterreich zum Gau Oberdonau.

An jedem größeren Ort ist auch sofort die Gestapo zur Stelle. Für Althoffs jüdische Schützlinge gehört die Angst zum Alltag, sie reist von Station zu Station mit. Immer mehr Nachrichten sickern durch von Massentransporten deutscher und polnischer Juden in die Konzentrationslager überall im Reich, von Erschießungen und Vergasungen, vor denen auch Kinder nicht verschont bleiben. Wenn Irene als Clownesse auftritt oder Maria Althoff bei ihrer Elefanten-Dressur assistiert, kann sie sich kaum konzentrieren. Immer muß sie an ihre Kinder denken, auf die dann ihre Mutter oder ihre Schwester aufpassen. Werden sie noch dasein, wenn sie zurück in den Wohnwagen kommt? Ganz fest drückt sie die Kleinen dann an sich. Einmal findet sie Gerda weinend auf dem Fußboden kauernd, in jedem Arm ein Kind. »Um Gottes willen, was ist passiert?« schreit Irene. Angst färbt ihre Stimme schrill. Von Schluchzen unterbrochen, antwortet ihre Schwester: »Ich halte es in dem dunklen Gefängnis nicht mehr länger aus.« Irene tröstet sie, ohne selbst an das zu glauben, was sie sagt: »Es dauert nicht mehr lange, bald ist der Krieg vorbei. Ganz bestimmt, ich habe so etwas gehört.«

Irene Bento:

Manchmal ruft mich meine Schwester aus Amerika an, wo sie seit langem lebt, und wo es ihr recht gut geht. Dann erzählen wir uns von unseren Träumen. Sie ist die einzige, die wirklich versteht, was in mir vorgeht. Weil es auch sie nie mehr losläßt.

Auch Gerda, die immer so fröhlich war, träumt manchmal noch von damals. Dann irrt sie durch lange dunkle Tunnels und findet einfach keinen Ausgang.

Sie erzählt mir davon und sagt dann: »Weißt du, Ini, das kommt von unserer Gefangenschaft, damals im dunklen Zirkuswagen.«

Nur wenn sie unterwegs sind, wenn die Zirkuswagen auf Güterwaggons verladen wurden, um zum nächsten Ort transportiert zu werden, gönnt ihnen die Angst eine Atempause. In diesen Stunden, während der Zug durch helle Frühlingslandschaften rollt und sie in ihrem dämmrigen Abteil sitzen, können sie sicher sein, daß keine Kontrollen kommen.

Irene Bento:

Ich nutzte die Zeit, um für meine Kinder Hemdchen und Windeln aus alten Bettüchern zu nähen. Wenn Peter etwas Wolle auftreiben konnte, strickte ich Jäckchen und Mützchen für sie. Auch Peters Vater half mit. Er nähte lange Hosen für die Kinder. Und mein lieber Peter wollte mir eine Freude machen. Irgendwo hatte er einen hellblauen Taftstoff aufgetrieben. Wahrscheinlich hatte er dafür seine letzte elegante Jacke weggegeben. Aus dem Stoff nähte er für mich ein Kleid, um mich zu trösten. Es war ganz eng bis zur Taille, den weiten Rock hatte er in viele feine Plisseefalten gelegt. Dafür reihte er Falte um Falte mit der Hand auf und bügelte sie dann mit dem heißen Eisen. Es war ein wunderschönes Kleid. Auch meine geliebten Keilschuhe hat Peter für mich gemacht. Er nahm dafür ein Paar alte Schuhe, schnitzte die Keile aus Holz und beklebte sie mit Leder. Dann befestigte er sie zwischen Schuh und Sohle.

Manchmal, wenn kein Güterzug zum Transport organisiert werden kann, setzt sich Adolf Althoff in seinen großen Traktor, der vier Wohnwagen hintereinander ziehen kann. Mohamed und Peter sind seine Beifahrer. Die wenigen Artisten, die Althoff noch geblieben sind, sitzen während der Fahrt in ihren Wagen. Irene hat alle Hände voll damit zu tun, ihre beiden Kinder festzuhalten, damit sie sich nicht stoßen und verletzen, denn die Wagen schlingern und holpern manchmal gefährlich über die Landstraßen, wenn Adolf Althoff gar zu kühn fährt. Im hinteren Wagen sitzen die tschechischen Musiker.

Als sie endlich am nächsten Ort Halt machen, reden die Musiker in holprigem Deutsch aufgeregt durcheinander: »Ach Chef, Mann gefallen, – bißchen tot, – nicht ganz tot, – doch tot.« Althoff braucht eine Weile, bis er begreift, was vorgefallen ist. Ein Junge hat sich mit seinem Fahrrad an die Kette zwischen dem dritten und vierten Wagen gehängt und sich so eine Zeitlang ziehen lassen. Auf einmal rutschte das Fahrrad weg und der Junge wurde vom letzten Wagen überrollt. Die Musiker konnten noch so laut rufen, Althoff vorne auf seinem Traktor hörte keinen Ton.

Der Junge war, wie sich herausstellt, auf der Stelle tot. Althoff und seine Artisten geraten in große Bedrängnis, denn sie werden alle zur Polizei bestellt. Und wahrscheinlich wird auch der Zirkus gründlich kontrolliert. Versteckt im engen Durchgang hinter ihren Abteilen warten Irene, Gerda und Alice Danner mit den Kindern, bis alles vorbei ist. Irene hat eine Tasse mit Zuckerwasser dabei, in die sie immer wieder die Schnuller der Kinder taucht, damit sie ruhig bleiben. Sie reden kein Wort. Die Zeit gerinnt.

Peter Bento:

Der Chef zeigte sich mal wieder von seiner allerbesten Seite. Daß er nichts gemerkt hatte von dem Unfall, demonstrierte er eindringlich, indem er den Motor seines Traktors anwarf. Sein ohrenbetäubender Lärm überzeugte die Beamten. Und dann schilderte Althoff, wie schwer es sei, in diesen Zeiten die Menschen zum Lachen zu bringen, und daß er es für seine patriotische Pflicht halte, auch in den schwierigsten Situationen nicht aufzugeben. Er erzählte ihnen vom schweren Bombenangriff in Mainz, den sie mit Müh und Not überlebt hatten. Dabei wischte er sich Tränen aus den Augen. Die waren tatsächlich echt, ich habe genau hingeschaut. Wie machte er das bloß, auf Befehl zu weinen? Das fällt selbst mir als Clown schwer. Dann kam natürlich wieder die Frage nach seiner Parteizugehörigkeit, und was der Neger da zu suchen habe. Jeder, der eine dunklere Hautfarbe hatte, war für diese Idioten ein Neger! Doch schnell schwiegen sie, als Mohamed, unser Marokkaner, seinen spanischen Paß zeigte. Spanien war ja mit Deutschland verbündet, und Tanger gehörte zum Protektorat von Spanien. Am Revers trug er ein Abzeichen, das ihn als Kämpfer der Blauen Division auswies. Weiß der Teufel, wo Mohamed, der noch nie in seinem Leben ein Gewehr in der Hand gehabt hatte, das Abzeichen dieser Eliteeinheit aufgetrieben hatte. Es hat ihn den ganzen Krieg hindurch beschützt.

Nachdem bei der Polizei alles glimpflich abgelaufen war und unser Chef versprochen hatte, schnellstens Parteimitglied zu werden, lief ich zu unserem Wagen zurück, um meine Lieben aus ihrem engen Gefängnis zu befreien, in dem sie sich kaum bewegen und schon gar nicht hinsetzen konnten. Ich bewunderte meine Irene, wie sie es schaffte, daß die Kinder keine Angst hatten und nicht weinten.

Erleichtert setzten wir unsere Fahrt fort. Das hätte schlimm ausgehen können! Wieder einmal hatte uns der Herrgott ein kleines Wunder beschert. Oder war Adolf Althoff unser Schutzengel? Obwohl, einen Engel konnte man ihn eigent-

lich nicht nennen. Manchmal war er doch recht irdisch unausstehlich!

✦

Am 20. Juli 1944 steht der Zirkus bereits seit einigen Wochen in Linz. Adolf Althoff hat sich mit dem österreichischen Zirkus Konrad zusammengetan. So helfen sie sich gegenseitig. Denn ihre Artistenschar ist merklich zusammengeschmolzen. Viele aus der internationalen Familie der Artisten können oder wollen nicht mehr in Deutschland arbeiten. Andere hat doch noch ein Einberufungsbefehl auf die Schlachtfelder der Hoffnungslosigkeit getrieben. So aber kann sich der Zirkus mit seinen Tieren und Menschen wirklich sehen lassen. Es ist wie zu besten Friedenszeiten – jede Menge Menschen, Tiere, Sensationen. Und auch das Publikum kommt in Scharen.

Entsetzen und zugleich Hoffnung schleicht sich unter das Chapiteau, als erste Nachrichten durchsikkern, auf Adolf Hitler sei ein Attentat verübt worden. Keiner wagt es, dem anderen seine Gefühle und geheimsten Gedanken zu verraten. Auch dann nicht, als sich der nur leicht verletzte Führer im Radio persönlich zu Wort meldet. Althoff bricht endlich den Bann, als er nur ein einziges Wort sagt: »Schade.« Wieder einmal riskiert er Kopf und Kragen. Aber Denunzianten scheint es im Zirkus nicht mehr zu geben. Althoff hat sie alle vergrault.

Die Stimmung bei den Bentos ist gedrückt. »Daran sind bestimmt wir Juden schuld«, sagt Alice Danner, Irenes Mutter. Doch keiner lacht über ihren Versuch eines Scherzes. Allen ist klar: Der Alptraum ist noch lange nicht zu Ende. Vielleicht fängt er jetzt erst richtig an.

Am nächsten Tag bittet Adolf Althoff alle Mitarbeiter zu einem Gespräch in das Zelt. Sehr blaß und ernst steht er mitten in der Manege. Er trägt seine Direktoren-Uniform mit den goldenen Knöpfen. Seine Ansprache ist knapp: »Ab sofort dürfen wir nicht mehr spielen. Alle Vergnügungsstätten sind geschlossen. Wer nach Hause möchte, darf gehen. Wer bleiben will, kann bleiben. Aber die Gagen kann ich leider nicht mehr weiterzahlen.«

Für Irene und ihre Familie steht fest, daß sie bei Althoff bleiben, so lange er sie duldet. Wo hätten sie auch hingehen sollen? Sie wären dem nächsten Häscher in die Hände gefallen. Auch José Bento, der inzwischen wieder eine Frau gefunden hat, entscheidet sich zum Bleiben. Genauso wie Mohamed und sein alter Onkel Ben.

Die Männer sitzen in der Sommerhitze vor ihren Wagen und spielen Karten. Es ist ja sonst nichts zu tun. Auch Gerda und selbst ihre Mutter gesellen sich zu ihnen. Nur Irene bleibt meistens im Wagen. Selten traut sie sich mit den Kindern ans Tageslicht. Peter schimpft.

Irene Bento:

Ich tat so, als sei es mir draußen in der Sommersonne zu heiß. Dabei war es in dem kleinen Abteil womöglich noch drückender. Aber seine Enge hatte für mich etwas Beschützendes. Ich konnte nicht mehr ohne Angst leben, obwohl ich den Artisten, die jetzt noch bei Althoffs waren, doch vertrauen konnte. Und obwohl die Männer in den langen Ledermänteln nicht mehr kamen, seit unser Zirkus geschlossen war. Diese Angst hat mein ganzes Leben vergiftet.

Noch heute, wenn wir mit dem Zirkus unserer Kinder unterwegs sind, verlasse ich selten meinen Wagen. Ich weiß nicht, warum. Peter lacht mich dann aus: »Mein Gott, Irene, es sind 50 Jahre vergangen, keiner tut dir etwas.« Ich weiß es, und trotzdem komme ich nicht dagegen an. Nur meine lieben Enkel, von denen wir inzwischen zehn haben, schaffen es, mich herauszulocken.

✦

Adolf Althoff sieht es gar nicht gern, wenn seine Leute herumhängen. »Streicht lieber eure Wagen, sie können frische Farbe gut gebrauchen.« Frech antwortet Mohamed: »Wo sollen wir Farbe hernehmen, Chef?« Althoff schaut ihn drohend an: »Ich werde schon welche besorgen, darauf könnt ihr euch verlassen.«

Wenige Tage später verkündet er ihnen, daß sie umziehen werden. Der Platz in Linz ist zu teuer geworden, Althoff hat ein besseres Notquartier in dem Ort Micheldorf an der Krems gefunden. Er liegt ungefähr 60 Kilometer südlich von Linz. In mehreren Fuhren transportieren sie Gerät, Wagen und Tiere über die Landstraße nach Micheldorf. Das Dorf mit den hohen Bergen ringsum, der Kremsmauer, wird bis Kriegsende eine Art Heimat für das fahrende Volk.

12 KRIEGSWINTER 1944/45

DIE Orte Kirchdorf und Micheldorf liegen im oberen Tal des Flüßchens Krems und bilden eine Dorfgemeinschaft. Im größeren Ortsteil Kirchdorf steht die schöne spätgotische Pfarrkirche St. Gregor. Die schroffen Gipfel der Bergkette im Hintergrund, der Kremsmauer, sind schon im frühen Herbst weiß überpudert. Die Bauern sagen, daß es ein kalter Winter werden wird. Am Ortsausgang von Micheldorf steht der Edlhof, eine von vielen ehemaligen Sensenschmieden, die sich in früheren Jahrhunderten an der Krems, ihre Wasserkraft nutzend, niedergelassen hatten. Jetzt sind nur noch wenige in Betrieb. Der Edlhof besteht aus einem Herrenhaus, den ehemaligen Schmiedhäusern und einem landwirtschaftlichen Betrieb mit mehreren Ställen. In einem der Häuser wohnt der Schullehrer Wintermayr mit seiner Familie. Sonst steht das Sensenwerk leer. Im Hof stellt der Zirkus Althoff seine Wagen auf, die Tiere werden in den Ställen untergebracht. Es sind zu diesem Zeitpunkt noch zwei Elefanten, ein sibirisches Kamel, zwei Lamas, ein Zebra und über vierzig Pferde.

Im Dorf leben fast nur Frauen, alte Männer und Kinder. Die jüngeren Männer sind alle im Krieg, viele von ihnen bereits gefallen oder vermißt. Den Sommer und Herbst über kommen immer mehr Flüchtlinge, meist Frauen mit Kindern und ältere Leute, aus den zerbombten Städten des Rheinlands nach Micheldorf und in die umliegenden Dörfer. Das schreckliche Kriegsjahr 1944 ist geprägt durch die Luftangriffe der Alliierten auf deutsche Städte.

Klagen über Flurdiebstähle häufen sich. Das Obst auf den Bäumen und die Feldfrüchte sind vor den hungrigen Flüchtlingen nicht mehr sicher. Auch Peter Bento und sein Freund Mohamed beschaffen sich so etwas Abwechslung für den mageren Speisezettel.

Nach der Landung der Alliierten in der Normandie und dem mißlungenen Attentat auf Adolf Hitler war Reichspropagandaminister Joseph Goebbels am 25. Juli 1944 zum »Reichsbevollmächtigten für den totalen Kriegseinsatz« ernannt worden. Zwei Monate später werden selbst alte Männer und Jugendliche, die fast noch Kinder sind, zum »Volkssturm« eingezogen. Auch in Micheldorf wird eine Volkssturm-Einheit aufgestellt.

Adolf Althoff hat buchstäblich alle Hände voll zu tun, um nicht doch noch im letzten Moment Soldat zu werden. Er hilft mit seinen Traktoren und manchmal auch mit seinen edlen Zirkuspferden den wenigen noch verbliebenen Bauern, wenn sie zum Bäumefällen in den Wald fahren. So macht er sich unentbehrlich, ganz besonders dem Bauern Bahmer, der ein Sägewerk besitzt. Althoff ist sehr geschickt. Er baut Schlitten aus den Holzbrettern, die im Sägewerk aus den Baumstämmen zugeschnitten werden. Dafür versorgt ihn Bahmer mit Most aus seinem Keller. Auf den Schlitten fahren die Bonzen durch den Ort, gezogen von Althoffs Pferden. Mit seinem Traktor und einem Anhänger transportiert Althoff auch Diebesgut der Nazis aus der Tschechoslowakei. Peter und Mohamed helfen ihm dabei. Manchmal entdecken sie in den Kisten Brauchbares für sich selbst, eine elektrische Bohrmaschine, eine Bandsäge, auch Bettwäsche und Kristall. Jeder versucht in dieser Zeit, so gut wie möglich zu überleben. Und man nimmt den Nazis ja nur ab, was ihnen gar nicht gehört, ist Adolf Althoffs Meinung.

Peter Bento:

Einmal wurde unser Chef zum Volkssturm nach Graz bestellt. Er ist auch tatsächlich hingegangen, dieses Mal fand er wohl keine Ausrede. Doch da muß ihn plötzlich der Teufel geritten haben. Er trat wie ein Gentleman auf, in seinem besten Anzug, darüber seinen Ledermantel. Den Hut hatte er auch nicht vergessen. Als er mit den anderen zu einer Übung antreten sollte, zog er Mantel und Hut aus und drückte sie dem nächsten Goldfasan in die Arme. Der stand völlig ver-

dutzt da. Dann zeigten sie unserem Chef den Gebrauch von Handgranaten. Althoff nahm die Attrappen ungeschickt in die Hand, dann warf er sie zur Schadenfreude seiner Kameraden immer wieder in Richtung der Offiziere. Er benahm sich wie ein Depp. Diese Methode hatte noch immer gewirkt. Schließlich schickten sie ihn kopfschüttelnd wieder nach Hause. Er hat es uns dann später erzählt.

Aber auch mein Vater, mein Schwiegervater Hans Danner, Mohamed, sein alter Onkel Ben und ich blieben nicht verschont. Wir sollten einen Panzergraben ausheben. Dabei entdeckten wir Tauwürmer, die wir heimlich in einen Beutel steckten. Doch ein Offizier hatte uns beobachtet. Er war aber einer von der seltenen freundlichen Sorte. Schmunzelnd kam er näher und fragte: »Wollt ihr die etwa essen?« Wir erklärten ihm, daß wir sie gut als Köder zum Angeln gebrauchen konnten. Ich jammerte ihm vor, daß wir Artisten vom Zirkus Althoff seien und noch nie eine Schaufel in der Hand gehabt hätten, daß wir uns unsere Hände kaputt machen würden, daß mein Vater Kriegsinvalide von 14/18 sei ... Da schaute er kurz um sich und sagte: »Also, ich gehe jetzt mal rüber zu den Polen, in der Zeit verschwindet ihr. Aber langsam, damit es nicht auffällt.« Das war unser einziger Kriegseinsatz in Österreich.

✦

Am 10. Oktober ereignet sich im Zirkus Althoff ein tragischer Unfall. Die 26jährige Renee, Tochter des Oberlehrers Albert Wintermayr, hat sich heimlich zu den beiden Elefanten Dicki und Buba geschlichen, um sie zu füttern. Plötzlich wird Dicki wild, faßt die junge Frau mit seinem Rüssel und drückt sie gegen die Stallmauer. Sie stirbt noch am Unfallort. Die Zirkusleute sind geschockt. Nicht umsonst ist am Elefantenstall immer ein großes Schild mit der Aufschrift »Füttern verboten« angebracht.

Irene Bento:

Peter und Mohamed waren mit dem Chef Holz holen, als es passierte. Ich saß mit meinen Buben in unserem Wohnwagen und merkte überhaupt nichts von dem, was sich wenige Meter entfernt ereignete. Als ich es am Abend erfuhr, war ich besonders betroffen, daß ausgerechnet mein Liebling Dicki einen Menschen getötet hatte. Aber Elefanten sind unberechenbar, und man muß sie genau kennen. Dicki ist wohl eifersüchtig geworden, weil die junge Frau zuerst Buba gefüttert hatte.

Meinem Dicki konnte ich aber doch nicht wirklich böse sein. Zu sehr war er mir ans Herz gewachsen. Ich erinnerte mich an einen Vorfall im vergangenen Jahr in Wiesbaden. Da waren plötzlich während einer Vorstellung Flugzeuge ganz dicht über das Zelt geflogen. Maria Althoff und ich führten gerade unsere Elefantennummer vor. Die Tiere gerieten in Panik, rannten laut trompetend durch die Manege und suchten eine Öffnung nach draußen. Nur Dicki blieb ganz ruhig stehen und schmiegte sich an mich. Ich weiß nicht, ob er mich in diesem Moment beschützen wollte oder selbst Schutz suchte.

Wir alle standen hinter unserem Chef, der wirklich nichts für den Unfall in Micheldorf konnte. Auch dieses Mal ließ ihn die Polizei nach einer Befragung, zu der man auch uns als Zeugen gebeten hatte, laufen. Und auch Dicki geschah nichts.

Zum ersten Mal seit langer Zeit wagte ich mich wieder auf eine Behörde. Aber mein Bauch tat mir weh vor Angst. Beruhigend hielt Peter meine Hand.

Seit der Zirkus nicht mehr spielen durfte, kamen die Männer in den langen Ledermänteln nicht mehr. Und obwohl die Dorfbewohner sehr freundlich zu uns Zirkusleuten waren, mißtraute ich ihnen und mied sie, wo ich nur konnte. Vielleicht wußte der eine oder andere ja doch Bescheid über uns. Und tatsächlich, als mein Vater gleich nach Kriegsende zum Gemeindeamt ging, sagte der Mann dort zu ihm: »Jetzt müssen Sie aber froh sein, wo alles vorbei ist!« Und als Vater fragte, wie er das meine, antwortete der Mann: »Nun, in Ihrer Familie gibt es doch auch Juden.« Sie hatten es also doch gewußt!

✦

Zwar hat die Angst der jüdischen Artisten im Zirkus Althoff vor der Entdeckung durch die Nazischergen etwas nachgelassen, doch eine andere Sorge ist übermächtig geworden. Wie sollen sie den nächsten Tag, wie diesen langen Winter überleben? Seine Artisten bezahlt Adolf Althoff nicht mehr. Nur Hans Danner, der als Elektriker für ihn arbeitet, bekommt einen kleinen Lohn. Auf der Reise nach Österreich wurden den

Artisten Wanderpersonalkarten ausgehändigt, manchmal gegen ein Päckchen Zigaretten auch ein paar mehr als erlaubt. Jetzt fahren Mohamed und Gerda nach Linz, um neue Lebensmittelmarken dafür zu bekommen. Unterwegs müssen sie sich im Feld verstecken, weil der Zug angegriffen wird. Erst Stunden später kommen sie zurück.

Aber trotzdem gibt es 1944 so gut wie nichts mehr zu essen. Peter Bento tauscht alles, was er noch besitzt, bei den Bauern gegen Lebensmittel ein. Doch die sind inzwischen sehr verwöhnt. Wenn es nicht ein besonders gutes Stück ist, schütteln sie bedauernd den Kopf. Für seinen schönen, warmen Wollmantel, den er noch aus Belgien besitzt, bekommt Peter immerhin eine Kanne Milch und ein Päckchen Butter.

In dieser Zeit entdeckt Peter Bento die andere Seite seines großherzigen Chefs:

Bei aller Achtung vor Herrn Althoff – er war ein rechter Geizhals! Nur manchmal, wenn er ein Tier geschlachtet hatte, fiel etwas für uns ab. Aber Maria Althoff und ihre Mutter Adele, die schon seit langem für die Familie kochte, steckten uns immer wieder etwas zu, obwohl sie selbst so wenig hatten. Mal waren es zwei Eier, mal ein Stückchen Wurst, mal ein paar Äpfel.

Hauptsächlich lebten wir in Micheldorf von gestohlenen Kartoffeln und Kohlrabi. Die waren im Winter meist hart gefroren und schmeckten scheußlich. Manchmal gelang es Mohamed und mir, aus einem Stall ein Kaninchen zu steh-

len. Ein mitleidiger Bauer gab uns Milch für unsere Kinder. Wenigstens an Grieß und Zucker hatten wir keinen Mangel. So ernährten wir sie hauptsächlich mit Grießbrei. Es ist sonderbar, unsere Kinder essen noch heute für ihr Leben gern Grießbrei, obwohl man eigentlich meinen sollte, daß sie ihn nicht mehr sehen und riechen können.

Eine weitere Einnahmequelle tat sich mir eher durch Zufall auf. Ich hatte an meinem Volksempfänger so lange herumgebastelt, bis ich herausfand, wie man den verbotenen Londoner Sender BBC mit einem verborgenen Schräubchen einstellen konnte. Das habe ich dann auch für ein paar mutige Micheldorfer gemacht und bekam dafür Butter, Brot, Speck und Eier. Und manchmal auch Zigaretten. Nicht auszudenken, was passiert wäre, wenn mich einer verraten hätte. Aber diese Menschen haben uns freundlich aufgenommen. Nie fühlten wir uns als lästige Fremde, obwohl der Ort doch überquoll von Flüchtlingen.

Der Winter 1944/45 wird der härteste seit langem. Oft schneit es tagelang. Und nachts ist es grimmig kalt. Eines Morgens will Peter die Tür seines Wohnwagens öffnen. Doch er bekommt sie nicht auf. Sie sind buchstäblich im Schnee versunken. Den kleinen Ofen können sie nur für kurze Zeit heizen, mit den Holzscheiten, die Peter nachts den Bauern gestohlen hat. Meist sind sie naß, und es ist schwer, ein Feuer mit ihnen anzuzünden. Wenn es dann endlich brennt, fängt das Ofenrohr gleich an zu glühen. Dann muß er das Feuer wieder löschen. Danach kühlt es im Wohnwagen rasch ab. Irene muß die Fläschchen für ihre Kinder oft notdürftig mit einer Kerzenflamme aufwärmen. In der Nacht hüllt sie ihre Kinder in alle nur greifbaren Dekken, Tücher und Kleidungsstücke. Trotzdem sind am anderen Morgen ihre Finger und Zehen blau vor Kälte. Irene und Peter reiben sie so lange, bis sie wieder ihre natürliche Farbe annehmen.

Die letzte Kriegsweihnacht ist die schwerste und traurigste von allen. Micheldorf ist überfüllt mit Flüchtlingen aus Ost und West, für die es kaum Unterkunft und Nahrung gibt. Man hat ihnen die beiden Schulen des Ortes zugewiesen. Der Unterricht für die Micheldorfer Kinder fällt für unbestimmte Zeit aus.

Auch im Zirkus Althoff gibt es keine geschmückten Zweige, keine Kerzen, keine Geschenke und keine Sonderration Essen. Ein Tannenbaum würde wohl eher als Brennholz verwendet werden und eine Kerze zum Wärmen der Hände.

Um so sehnsüchtiger denkt Irene an das einzige Weihnachtsfest, das sie je erlebte:

Wir Juden feiern Weihnachten nicht. Deswegen hat das Fest für jüdische Kinder keine Bedeutung. Als Gerda und ich noch Kinder waren, machte es uns schon etwas neidisch, wenn unsere Freundinnen von ihren Geschenken erzählten. Aber einmal, als ich neun Jahre alt war, lud unser Onkel Alfred Delbosz Gerda und mich zum Weihnachtsfest ein. Er war der Schwager meines Großvaters. Und er war kein Jude. Ich erinnere mich an eine große Tanne, die voller Süßigkeiten hing.

Und an die Puppen, die Gerda und ich geschenkt bekamen. Ich habe noch ein Foto, auf dem wir beide mit unseren Puppen im Arm selig unterm Tannenbaum eingeschlafen sind.

✦

Die Veränderungen an ihrem Körper weiß Irene inzwischen zu deuten. Als das Jahr 1945 anbricht, kann man es auch schon sehen: Sie ist zum dritten Mal schwanger.

»Das kriegen wir auch noch durch«, tröstet sie Peter. »Und der Krieg ist bald zu Ende, dann werden wir eine richtige Familie.« Irene klammert sich an diese Hoffnung. Nur wenn Peter bei ihr ist, fühlt sie sich einigermaßen geborgen – und die Zukunft sieht nicht mehr so dunkel aus. Kein einziges Mal haben sie sich gestritten, seitdem sie zusammen sind. Laute Worte hat es nur gegeben, wenn Peters Vater an seiner Schwiegertochter herumnörgelte und Peter seine Liebste verteidigte. Aber nun hat er wieder eine eigene Frau. Soll er sich doch mit ihr zanken, so viel er will, denkt Peter. Er und Irene sind schon froh, den alten Störenfried los zu sein.

13 KRIEGSENDE IN MICHELDORF

DER Schnee bleibt lange liegen nach diesem harten Winter. Nur zögernd weicht er den wärmenden Sonnenstrahlen im Frühjahr 1945.

In den letzten Wochen vor dem Ende des Krieges geht es in Micheldorf turbulent zu. Flüchtlingsfahrzeuge und zurückflutende Einheiten der Wehrmacht verstopfen die Straßen. Auch Gruppen gefangener Juden und KZ-Häftlinge werden von ihren Bewachern über die Straßen getrieben. Zu diesen »Todesmärschen«, wie sie von überlebenden Häftlingen genannt und auch von den Historikern später so bezeichnet wurden, kam es besonders in der Endphase des Krieges, als die Konzentrationslager in den osteuropäischen Ländern während der großen Offensive der Roten Armee im Osten und der alliierten Landungen im Westen aufgelöst wurden. Die Gefangenen wurden zu langen Fußmärschen gezwungen. Unterwegs bekamen sie weder Nahrung noch Wasser. Wer nicht mehr mithalten konnte, wurde erschossen oder blieb einfach entkräftet liegen.

Althoff, Peter und Mohamed werden Zeugen eines solchen Todesmarsches.

Peter Bento:

Wir waren für einen Micheldorfer Bauern zum Holztransport in einen Wald in der Nähe des Ortes Klaus gefahren. Da kamen sie. Elende, abgemagerte und zerlumpte Gestalten, Männer und Frauen, die kaum noch gehen konnten. Ein Mann fiel um und blieb auf dem Weg im aufgeweichten Dreck liegen. Als ihn zwei andere hochziehen wollten, schlug sie der Bewacher mit seinem Gewehrkolben ins Kreuz. Den Liegenden erschoß er auf der Stelle mit seinem Revolver.

Ein paar Ortsansässige, die wie wir Zeugen dieses Gespensterzuges wurden, wollten den Menschen Brot zustekken. Doch auch das verhinderten die ganz in Schwarz gekleideten Wächter aufs brutalste.

Auch wir konnten überhaupt nichts tun in diesem Augenblick. Die erschöpften Menschen schleppten sich weiter, angetrieben von ihren brüllenden Wächtern.

Plötzlich ging ein heftiges Gewitter mit Regen, Blitz und Donner nieder. Wir stellten uns in einer Schutzhütte unter. Da gesellte sich einer der Aufpasser zu uns. Er war wohl der Anführer des Transports. Althoff fragte ihn, was das für Menschen seien und wohin sie gebracht würden. Zynisch antwortete er: »Das sind ungarische Juden. Die haben jetzt auch lange genug gelebt. Wir erwischen sie noch alle.« Und als Alt-

hoff vorsichtig weiter fragte: »Ja, und wenn es mal anders wird?« und dabei wohl an die nahende Kapitulation der deutschen Wehrmacht dachte, antwortete der: »Dann erschießen wir sie alle.«

Wir sagten keinen Ton. Selbst unser mutiger Chef verstummte. Es muß ihm verdammt schwer gefallen sein. Doch als uns der Mann fragte, ob wir ihn mit unserem Traktor nach Klaus mitnehmen könnten, erklärte Althoff knapp: »Da ist nur Platz für uns drei.« Mohamed und ich bedauerten es sehr, daß er nicht mit uns fuhr. Wir beide hatten denselben Gedanken: An einer bestimmten Kurve, wo die Felsen steil und tief hinunter ins Tal der Steyr abfallen, hätten wir ihn hinabgestürzt.

Als wir mit unserem Holztransport in Klaus ankamen, sahen wir sie wieder. Dicht gedrängt standen sie in einer Lehmgrube im knöcheltiefen Schlamm. Ob sie hier wohl die Nacht verbringen mußten? Ich wagte es mir kaum vorzustellen. Ich bin sicher, daß die meisten von ihnen den Transport, wohin auch immer er ging, nicht überlebt haben.

An diesem Abend saß ich stumm in unserem Wohnwagen. Ich wollte weder mit den Kindern schmusen noch den Grießbrei essen, den Irene mit einem Extra-Stückchen Margarine verfeinert hatte. Ich erzählte Irene kein Wort.

Am 25. März 1945 kommt es zu einem Bombenangriff amerikanischer Flugzeuge über dem Gebiet von Altpernstein und Hirschwaldstein, dem Gebirgszug in der Nähe von Micheldorf. Die abgeworfenen Splitterbomben richten jedoch außer einigen zerborstenen

Fensterscheiben keine besonderen Schäden an. Nur ein paar Bombentrichter bleiben zurück.

Im Dorf geht die Angst um. Aus dem Osten rücken die Russen näher, aus dem Westen die Amerikaner. Die Angst vor den Russen ist größer. Die bange Frage lautet: Wer wird zuerst da sein?

Der Segelflugplatz in der Nähe von Micheldorf ist von der deutschen Wehrmacht in letzter Minute zu einem Feldflugplatz umgerüstet worden. Dort landen noch ganz zum Schluß zwei Flugzeuge. Das eine ist, wie die Kriegschronik von Micheldorf später berichtete, eine FW 200, das andere eine Beutemaschine vom Typ Liberator. Die FW 200 benutzten vor Anrücken der Amerikaner am 6. Mai Luftwaffenangehörige zu ihrer Flucht nach Deutschland.

Im Edlhof, wo der Zirkus Althoff immer noch festsitzt, werden deutsche Militärs einquartiert.

Maria Althoff:

Es waren ungefähr 25 bis 30 Personen, alles sehr junge Burschen. Ihr Vorgesetzter war ein unverbesserlicher Nazi. Der hat die armen Buben noch herumkommandiert, als man schon täglich mit der Kapitulation rechnete. Einmal hörte ich ihn brüllen: »Wenn ihr denkt, es ist vorbei, dann täuscht ihr euch gewaltig. Es ist noch lange nicht vorbei!« Hella, die Frau unseres österreichischen Geschäftsführers, war eine typische Wienerin mit viel Herz. Sie sagte zu den jungen Soldaten: »Wehrt euch bloß nicht, wenn die Amerikaner kommen!

Ergebt euch lieber! Ihr wollt doch alle wieder zurück nach Hause ...«

Am Abend kam einer heimlich zu unserem Wohnwagen. Er war fast noch ein Kind. Er weinte und bettelte, daß er nach Hause wolle. Hella und ich gaben ihm Pullover, Hose und Jacke, die er bei uns gegen seine Uniform austauschte. Dann steckten wir ihm noch einen Beutel mit Proviant zu. Als es draußen dunkel geworden war, schauten wir uns vorsichtig um: »Die Luft ist rein. Du kannst jetzt raus, ab mit dir nach Hause.« Er rannte los, sein Heimatdorf war etwa 50 Kilometer entfernt. Wenn er stramm ging, konnte er am frühen Morgen zu Hause sein. Am anderen Abend kamen gleich zwei. Es hatte sich wohl herumgesprochen unter den Soldaten, daß die Frauen vom Zirkus helfen würden. Wir versorgten auch sie mit Zivilkleidung und Proviant. Wenn das so weiter ging, würde mein Adolf bald nichts mehr zum Anziehen haben! An die Todesgefahr für uns alle dachten wir keine Sekunde. Eines Nachts hörten wir den Vorgesetzten laut herumschreien. Wir erschraken sehr und glaubten, nun habe er die heimliche Flucht seiner Soldaten entdeckt. Doch dann hörten wir genauer hin: »Wenn ihr euch nicht beeilt, könnt ihr euch ja einkassieren lassen, ab mit euch!« Fluchtartig verließen sie den Edlhof, und wir waren froh, die ungebetenen Gäste los zu sein. Dann kamen die Amerikaner.

Am 6. Mai zeigen Staubwölkchen auf der Straße zum Magdalenaberg das Anrücken einer amerikanischen motorisierten Einheit aus Richtung Pettenbach an. Es handelt sich um die 80. US-Division. Um 14.30 Uhr rückt sie in Micheldorf ein. Die Gendarmerie wird entwaffnet.

Die Micheldorfer sind zwar froh, daß der Krieg zu Ende ist und es nicht die Russen sind, die ihren Ort besetzen. Dennoch beklagen sie sich in ihrer Kriegschronik über das Verhalten der Amerikaner:

Das Mißtrauen der amerikanischen Soldaten gegen die Zivilbevölkerung war aufgrund der Kriegspropaganda sehr groß. Selbst das Wasser bereiteten sie vor dessen Verwendung auf. Streng wurde auf die Einhaltung des Fraternisierungsverbotes geachtet. In der Tat verliefen die ersten Tage der Besetzung nicht sehr erfreulich. Den Einheiten der 80. US-Division folgte als Besatzung die 42. US-Division (Regenbogendivision). Bei der Bevölkerung waren sie nicht beliebt, da es ständig zu Exzessen wegen Trunkenheit und anderer Disziplinlosigkeiten kam. Trotz der Wohnungsnot mußten für die Besatzer Quartiere bereitgestellt werden. Häuser wurden requiriert und waren binnen kurzer Frist von den Bewohnern verlassen. Das Mitnehmen von Mobiliar wurde nicht gestattet. Die von den Soldaten in den Häusern und Wohnungen angerichteten Schäden trafen die Eigentümer schwer, da, wie im Schloß Neupernstein und in manchen Gewerken- und Bürgerhäusern, wertvolles Mobiliar abhanden kam oder sinnlos zerstört wurde. Der Pfarrchronist von Kirchdorf hat recht, wenn er schreibt: »Wieviel Werte gehen erst jetzt wieder zugrunde? Nur eines befriedigt: kein Fliegeralarm mehr, keine heulende Sirene, keine Bombe, kein Blutvergießen mehr.«

Ganz anders erleben die Menschen auf dem Edlhof den Einmarsch der Amerikaner.

Maria Althoff:

In mehreren Jeeps kamen die Amerikaner in unseren Hof gefahren. Sie hatten sich zerrissene Hitlerfahnen um den Hals geschlungen. Kurz bevor ihre Flugzeuge im Tiefflug über Micheldorf geflogen waren, hatten mein Mann und ein paar Helfer unsere Tierkäfige in den Hof gestellt, und auf die Dächer der Zirkuswagen eiligst in dicken Buchstaben »Herrliche Zirkusspiele« gemalt. Sie wollten sich so vor Angriffen von oben schützen. Es waren dieselben Amerikaner, die nun in ihren Jeeps ankamen und prüfen wollten, ob es sich hier wirklich um einen Zirkus handelte. Wir zeigten ihnen unsere Tiere. Es herrschte sofort Sympathie. Peterle und Franzi schenkten sie Schokolade. Einer der Soldaten wollte auf der Stelle reiten. Adolf sattelte bereitwillig ein Pferd. Ungeschickt stieg der Soldat auf, das Pferd schüttelte sich, und schon landete er auf seinem Hintern unsanft auf der Erde. Seine Kameraden lachten schadenfroh. Dann wollte es der nächste probieren. Auch ihm erging es nicht besser. Mein Adolf, dieses alte Schlitzohr, hatte mit Bedacht ein Pferd gewählt, das keine Fremden akzeptierte. Trotzdem kamen sie am Abend wieder und brachten Kaffee, Pulvermilch, Biskuits, Schokolade, Corned beef und Zigaretten mit. Sie saßen in unserem Salonwagen und fühlten sich offensichtlich wohl. Einer legte sogar die Füße auf den Tisch. Doch da wurde er von seinem Vorgesetzten zusammengestaucht. Adolf beobachtete schmunzelnd die Szene.

Auch die Danners und Bentos trauten sich schließlich zu uns. Zum ersten Mal sah ich Irene mit ihrem Davidstern um den Hals.

Irene Bento:

Erst kamen die Flugzeuge. Sie flogen ganz tief. Hinter unserem Grundstück führte eine Landstraße vorbei. Auf ihr flüchteten deutsche Militärkolonnen. Die Amis beschossen sie von oben. In unserer Angst flüchteten wir in einen Kellerraum. Nur Mohamed saß oben in einem Baum und beobachtete alles durch ein Fernglas. Er war so neugierig, daß er darüber seine Angst vergaß. Als der erste Schuß fiel, kletterte er vom Baum und rannte wie ein Hase quer über den Hof in unser Versteck. Später haben wir oft darüber gelacht. Und dann hörten wir die Kettengeräusche der Panzer. Mein Vater sagte: »Ich glaube, jetzt ist die Gefahr vorbei.«

Ich holte sofort meinen Davidstern unter der Matratze hervor. Meine Hände zitterten so sehr, daß Peter mir helfen mußte, die Kette umzulegen.

Dann ging ich nach draußen. Ich war schon hoch in Umständen. Mit meinem dicken Bauch rannte ich wie eine Verrückte die Straße entlang und schrie immer wieder: »Ich bin Jüdin. Ich bin frei!« Ein schwarzer amerikanischer Soldat stellte sich mir in den Weg. Er dachte sicher, daß ich verrückt geworden sei, wie ich so mit meinem hüpfenden Bauch über die Straße lief. Und ich? Ich packte ihn ganz einfach, zog ihn zu mir herunter und gab ihm einen Kuß. Da ist er ganz verlegen geworden. Ob er verstanden hatte, was ich schrie, weiß ich nicht. Aber er sah mein lachendes Gesicht und die Tränen, die darüber liefen. Da drückte er mir eine Apfelsine in die Hand. Ich biß in meinem Überschwang sofort hinein.

Er lachte laut, als er sah, wie ich mein Gesicht verzog. So etwas Bitteres! Ich hatte noch nie zuvor eine Apfelsine gegessen. Er nahm sie mir behutsam aus der Hand, zog ein Klappmesser aus seiner Tasche, und dann schälte er sie ganz feierlich und langsam, so als würde er einem kleinen Kind zeigen, wie man eine Apfelsine schält. Einzeln reichte er mir die Schnitze. Ich streichelte meinen Bauch und sagte: »So Kind, ab jetzt bekommst du etwas Ordentliches zu essen.«

Schnell spricht es sich unter den Amerikanern herum, daß im Zirkus Althoff Juden versteckt worden waren. Immer mehr von ihnen kommen zum Edlhof, nicht nur wegen der schönen Tiere, sondern vor allem wegen der befreiten jüdischen Artistenfamilie. Es sind auch jüdische Amerikaner unter ihnen. Sie wollen die Menschen hier bestrafen. Als sie aber hören, daß es in Micheldorf zu keinerlei Übergriffen gekommen ist, beruhigen sie sich. Den Althoffs begegnen sie mit großer Hochachtung. Alice Danner, die gut englisch spricht, verehren sie geradezu. Plötzlich ist sie wieder die schöne, elegante Frau von früher, wenn auch etwas schäbiger gekleidet. Sogar ihre kecke Locke wippt wieder auf ihrer Stirn. Zusammen mit ihrer Tochter Gerda geht sie mit einem kleinen Leiterwagen ins zwei Kilometer entfernte Kirchdorf. Dort haben die Amerikaner ihr Verpflegungs-Depot eingerichtet. Mit einer Kanne voller Suppe, die für alle im Zirkus reicht, mit

Brot und Wurst, Tee und Kaffee kommen die beiden strahlend zurück. Alice Danner erzählt aber auch, daß die Amerikaner mit den Österreichern nicht so freundlich umgehen. Einmal erleben sie, wie eine Frau zu dem amerikanischen Offizier geht, der ihnen gerade den Wagen vollgeladen hat. Sie jammert, sie und ihre Kinder hätten nichts zu essen, und ob er ihr nicht auch etwas geben könne. Da sagt er auf englisch: »Bring mir eine Flasche Zwetschgenwasser, dann bekommst du auch etwas.« Sie jammert weiter, sie habe kein Zwetschgenwasser. »Wissen's, wir sind Österreicher, keine Deutschen. Wir sind nicht schuld.« Da steht der Offizier auf und sagt in perfektem Wienerisch: »Sie sind keine Deutsche? Sie sind Österreicherin? Und woher stammt Adolf Hitler?«

Irenes Niederkunft steht bevor. Das nächste Krankenhaus ist im 40 Kilometer entfernten Bad Hall. Die Amerikaner fahren sie hin. Sie hat überhaupt keine Angst, und es geht alles gut. Tochter Mary kommt am 28. Juni 1945 zur Welt – die erste normale Geburt.

Peter Bento:

Damals war es noch nicht üblich, daß der Vater bei der Geburt dabei ist. Vielleicht hatte ich auch nur Angst. Jedenfalls sind Mohamed und ich, als das Kind da war, mit dem Rad nach Bad Hall gefahren. Unterwegs klauten wir in einem Bauernhof ein Huhn, wollten es Irene bringen, damit sie etwas Vernünftiges zu essen bekäme.

Meine Irene lag wie eine Fürstin im blütenweißen Bett, bestens umsorgt und verwöhnt. Das Krankenhaus wurde nämlich von Amerikanern geleitet. Sieben Ärzte haben ihr bei der Geburt geholfen. Wir mußten keinen Pfennig bezahlen. Sie lag da, mit unserer kleinen Mary im Arm, und strahlte, wie ich sie noch nie zuvor strahlen sah. Sogar das Kind lächelte. Zumindest sah es so aus. Das Huhn flüchtete laut gackernd unter Irenes Bett. Aber das hat ihm nichts genützt.

Bevor die Amerikaner aus Micheldorf abziehen, gibt der Zirkus Althoff für sie eine Vorstellung im Freien.

Es ist ein lauer Sommerabend. Der ganze Edlhof ist mit Glühbirnen geschmückt. Adolf Althoff zeigt seine schönste Freiheitsdressur. Seine Pferde gehorchen ihm aufs Wort, als hätten sie nie eine Zwangspause gemacht, hätten nie Wagen voller Holz gezogen und Schlitten voller Nazibonzen. Ihre frisch gestriegelten Mähnen glänzen im Licht. Maria Althoff hat ihr schönstes Abendkleid angezogen, als sie mit ihren Elefanten auftritt. Mohamed und Hans Danner tanzen über ein Seil, das sie hoch über den Köpfen der Zuschauer quer durch den Hof gezogen haben. Und dann erst die Clowns! So übermütig ist Peter noch nie durch die Manege getollt. Und Irene, wunderschön in ihrem Weißclown-Kostüm und den langen gelockten Haaren, spielt auf ihrer Geige »When the saints go marchin' in«. Es regnet Dollars.

14 DIE GLÜCKLICHEN JAHRE

DAS weiße Althoff-Zelt ist nach einjähriger Zwangspause wieder aufgebaut. Es steht jetzt in Linz, dem ersten Gastspielort nach dem Krieg. Jetzt hat sich alles umgedreht: Als Deutscher darf Adolf Althoff zunächst keinen Zirkus leiten. Wieder schließt er sich mit dem österreichischen Zirkus Konrad zusammen. Gemeinsam haben sie ausreichend Artisten und Tiere, um ein gutes Programm auf die Beine zu stellen. Drei Monate spielen sie in Linz, jede Vorstellung ist ausverkauft.

Das Zelt leuchtet wieder mit Hunderten von Glühbirnen in die einbrechende Sommerdämmerung; jetzt ist es kein Angriffsziel mehr für feindliche Flugzeuge.

Im Publikum sitzen hauptsächlich amerikanische Soldaten. Aber auch immer mehr Österreicher wagen sich in den Zirkus. Die Stimmung ist einfach fantastisch. Die Menschen sind ausgehungert nach Vergnügen, seit dem mißglückten Attentat auf Adolf Hitler vor einem Jahr hat es nichts mehr gegeben, was sie von ihrer Not hätte ablenken können. Und Zirkus ist für sie ein Hochgefühl, ein Hoffnungsschimmer auf bessere Zeiten. So viele frohe und glückliche Zuschauer hat es in den Jahren danach nie mehr gegeben. Sie gehen nicht nach Hause, sie schweben geradezu. Es soll sogar vorgekommen sein, daß schwangere Frauen vor lauter Lachen ihre Wehen bekamen. Irene erzählt das.

Irene und Peter können nun allen zeigen, daß sie zusammengehören. »Schau dir doch die Turteltauben an«, sagt Maria Althoff zu ihrem Mann und fügt, fast ein wenig vorwurfsvoll, hinzu: »So hast du mich noch nie in den Arm genommen.« Irene ist stolz und glücklich, daß sie zum ersten Mal normal entbunden hat. Obwohl die drei Kinder viel Arbeit machen, es immer noch wenig zu essen gibt und das kleine Abteil weiter ihr Zuhause ist, bricht nun die glücklichste Zeit ihres Lebens an. Gemessen an ihrem langen Leben, ist es allerdings nur eine kurze Zeitspanne.

Irene Bento:

Wir waren frei. Und ich verstand, was Freisein bedeutet: Wir brauchten keine Angst mehr zu haben. Wir konnten hingehen, wo wir wollten, wir konnten sagen, was wir wollten. Und ich war plötzlich keine »stinkende Jüdin« mehr. Das Gestern verdrängten wir. Für Erinnerungen an die Toten war kein Raum und keine Zeit. Jetzt zählte nur noch das Heute. Peter und ich waren verliebt wie am ersten Tag. Die Menschen müssen das gespürt haben, wenn wir wie früher mit

Peters Vater unsere Clowns-Nummern spielten. Da war eine Harmonie, ein Übermut, eine Lust am Spaß, die ich später nie wieder so empfunden habe.

Mit den Althoffs haben wir in dieser Zeit nie über das Vergangene gesprochen. Wir scheuten uns davor, und ich glaube, sie wollten auch nichts mehr hören. Aber der Respekt vor den Althoffs war noch größer geworden. Und auch das Zusammengehörigkeitsgefühl. Als wir im darauffolgenden Winter nach Deutschland heimkehrten und Adolf Althoff wieder seinen eigenen Zirkus führen durfte, blieben wir bei ihm, obwohl wir eigentlich lieber nach Amerika ausgewandert wären, und obwohl wir vom Zirkus Hagenbeck die doppelte Gage angeboten bekamen. Aber wir wußten, daß Herr Althoff uns brauchte, es gab ja zunächst kaum Artisten. Sie waren tot oder in alle Winde zerstreut.

Ich konnte es kaum abwarten, bis wir endlich ein richtiges Ehepaar waren.

Im November 1945 kehrt der Zirkus Adolf Althoff nach Deutschland zurück. Sein Winterquartier schlägt er auf dem Schlachthofgelände in Stuttgart auf.

Am 8. Dezember 1945 heiraten Peter und Irene. Es ist ein Freudenfest.

Peter Bento:

Wir wurden auf dem Standesamt in Stuttgart getraut. Unsere Trauzeugen waren Mohamed und Anton Wozniak. Der Antosch, wie wir ihn alle nannten, war inzwischen Betriebsführer bei Althoff. Mohamed und ich hatten ihn oben in den Bergen über Micheldorf gefunden, frierend und ausgehungert. Antosch, der eigentlich polnischer Abstammung war aber seit langem im Rheinland lebte, war aus der Armee desertiert. Seine Hose war zerrissen, ich gab ihm eine von mir. Auch Schuhe bekam er von uns. So wie wir von den Althoffs versteckt wurden, haben wir damals in Micheldorf den Antosch versteckt. In irgend einem Zirkuswagen fand er immer Unterkunft und ein warmes Essen. Auch hier hat Adolf Althoff stillschweigend sein Einverständnis gegeben. Nach dem Krieg hat er ihn erst als Elefantenkutscher beschäftigt. Später wurde er sein Betriebsführer, denn der Antosch war ein gebildeter Mann, hatte in Deutschland eine höhere Schule besucht und Buchdrucker gelernt. Bei Zirkus Williams wurde er später sogar stellvertretender Direktor.

Wir luden alle Leute zu unserer Hochzeit ein, die da waren, bestimmt an die hundert. Denn auch Adolf Althoffs Bruder Franz mit seinem Zirkus und der Zirkus Holzmüller hatten hier in Stuttgart ihr Winterquartier aufgeschlagen. Nach der standesamtlichen Trauung feierten wir im Restaurant des Schlachthofs. Unsere Zirkuskapelle, dreizehn Mann hoch, spielte. Die Artisten gaben kleine Einlagen.

Irene Bento:

Ich trug ein grünes Taftkleid, mit einem weiten Rock. Es schimmerte in allen Farben des Regenbogens. Das war damals nach dem Krieg große Mode. Gerda bekam das gleiche Kleid. Peter hatte sie uns eines Tages gebracht. Ich fragte ihn nicht, woher er sie hatte, wahrscheinlich wieder gegen irgend etwas eingetauscht. Es paßte, als habe er es für mich geschneidert.

Als ich meine Mary auf den Arm nahm, pinkelte sie mein schönes Kleid voll. Aber es war mir egal. Ich war einfach nur glücklich. Meine Mutter hatte mir einen Lippenstift und Wimperntusche geschenkt – Kostbarkeiten! Ich fühlte mich zum ersten Mal schön und begehrenswert.

Peter Bento:

Mein Gott, war meine Irene schön an unserem Hochzeitstag! Sie strahlte wie die Sonne an einem Sommertag. Alle bewunderten sie und beneideten mich um meine kleine Frau.

Es gab für alle genug zu essen und zu trinken. Mohamed und ich hatten alles »organisiert«, denn Geld besaßen wir keines. Bei Althoff gab es einen Einkäufer mit Namen Löffel, ein richtiger kleiner Gauner, der alle möglichen »schwarzen« Geschäfte machte. Außerdem war er ein ausgefuchster Pokerspieler. Aber Mohamed und ich waren besser als er. Sein Pech war, daß er das nicht wußte. Dem haben wir richtig die Hosen ausgezogen! Als er dann immer wieder verlor, jammerte er: »Ich habe doch kein Geld – aber Lebensmittel könnt ihr von mir bekommen ...« Das war uns gerade recht. So pokerten wir das ganze Hochzeitsmahl zusammen. Wir horteten Butter, Wurst, Zucker, Mehl. Und vom Schlachthof bekamen wir Fleisch. Auch zu trinken gab es genug. So ein gelungenes Fest hat auch der freundliche Wirt vom Schlachthof nie wieder erlebt. Wir feierten und tanzten bis in den Morgen hinein. Am Abend arbeiteten Irene und ich wie immer in der Manege. Wir waren so froh, endlich Mann und Frau zu sein.

✦

Bei Kriegsende war Gerda Danner 18 Jahre alt. 1946 heiratete sie den Artisten Anton von der Gathen, den Bruder von Maria Althoff, der gerade aus der Kriegsgefangenschaft zurückgekommen war. Sie bekamen drei Kinder. Später trennte sich Gerda von ihrem Mann und heiratete einen Amerikaner. Sie lebt heute in Amerika.

Gleich nach dem Krieg zeigte sie ihre Dankbarkeit, als viele Deutsche vor den alliierten Siegermächten beweisen mußten, keine Nazis gewesen zu sein und sich nicht schuldig gemacht zu haben am Massenmord. Denn auch Ludwig Roth, jener Mann, der sie zusammen mit ihrer Mutter aus Eschollbrücken weggebracht hatte, mußte sich diesem sogenannten Entnazifizierungsverfahren unterziehen. Er war der Vater ihrer Schulkameradin Frieda. Als das jüdische Mädchen Gerda die Schule nicht mehr besuchen durfte, hatte er sie in seiner Landwirtschaft beschäftigt. In ihrem Brief an die Behörde schrieb sie 1947:

»Bescheinige hiermit, daß Familie Roth, wohnhaft in Eschollbrücken, Pfungstädter Straße 7, immer zu mir und meiner Familie gut und anständig waren. Trotzdem wir Juden sind und mir verboten war, meinen Artistenberuf auszuüben, nahm mich Familie Roth auf, und beschäftigte mich in ihrer Landwirtschaft von 1942 bis 1943. Es war meine schönste Zeit und ich hatte es so gut wie die eigene Tochter (der Familie), welche mir heute noch eine sehr gute Freundin ist. Trotzdem es verboten war, Juden ins Haus zu nehmen, riefen

sie des öfteren meine Großmutter zu sich, und gaben ihr Gemüse, Eier und anderes. Meine Großmutter kam im März 1943 ins Konzentrationslager Auschwitz, wo sie auch bald verstarb. Als ich das damals der Familie Roth erzählte, nahmen sie herzliche Anteilnahme und Herr Roth sagte: Das bleibt nicht so – alles rächt sich ...«

(Zitiert aus Spruchkammer Darmstadt-Land, Aktenzeichen 166 / DL / EH vom 27. 10. 1947)

Langsam kehrt die Normalität zurück. Der Zirkus Althoff spielt im zerstörten Westdeutschland. Pforzheim, Mannheim, Karlsruhe, Osnabrück heißen jetzt die Stationen. Das helle Zelt, unter dessen Kuppel, wie eine Zeitung schreibt, »Menschen, Tiere, Sensationen von Weltklasse« zu bestaunen sind, die grün-weißen Zirkuswagen sind ein Magnet, der die Menschen anzieht. In diesen Jahren wird Adolf Althoff trotz des Einbruchs durch die Währungsreform ein wohlhabender Mann. In der Branche hat der sparsame Direktor den Spitznamen »Der Schotte«. Die Althoffs bekommen 1946 noch eine Tochter, Helene. Irene Bento schenkt zwei weiteren Töchtern das Leben: Daisy kommt 1949 in Stuttgart zur Welt und Astrid 1959 in München.

Doch mit der Normalität kommt für Irene die Vergangenheit zurück, langsam, schleichend, wie eine dunkle Wolke, die sich vor die Sonne schiebt.

15 DAS LORCH-HAUS

ALS im Sommer 1943 die letzten Bewohner aus dem Lorch-Haus in der Pfungstädter Straße 15 in Eschollbrücken geflüchtet waren, fiel es als jüdisches Eigentum mit allem, was darin war und seine Bewohner nicht hatten mitnehmen können, an den nationalsozialistischen Staat.

Zunächst wurde Gertrud Lorch, der nichtjüdischen Frau des in Auschwitz ermordeten Artisten Eugen Lorch, gestattet, zusammen mit ihrem Bruder und seiner Familie in dem Haus, das jetzt unter Treuhänderschaft stand, zu wohnen. Irene Bento glaubt, daß sie diese Vergünstigung bekam, weil ihr Bruder ein Nazi war. Irene sagt, daß es fast in jeder Familie in Eschollbrücken einen Nazi gegeben habe und weitere solcher Barbaren das Haus ihrer Kindheit entweiht hätten, als sie darin zur Miete wohnten und die Miete an den NS-Staat bezahlten.

Als Egon Lorch 1948 aus Shanghai zurückkam, bezog er mit seiner Frau Maria und Tochter Maud die Wohnung im ersten Stock. Auch Jeanette Lorch, die Schwester von Irenes Großvater Julius, die 1950 im Alter von 71 Jahren aus Brüssel heimkehrte, wo sie den Völkermord an sechs Millionen Juden überlebt hatte, wohnte eine Zeitlang im Lorch-Haus.

Erst im März 1952 gab die Wiedergutmachungskammer des Landgerichts Darmstadt das Grundstück den rechtmäßigen Erben Egon Lorch und Alice Danner zurück.

Nach Egon Lorchs Tod im Jahr 1954 zahlte Alice Danner seine Hinterbliebenen aus. Wie in früheren Zeiten wohnte sie jetzt mit ihrem Mann während der Winterpause im Familienhaus.

Irene und Peter blieben bis 1949 bei Adolf Althoff; sie lebten mit ihren Kindern auch während der Wintermonate in ihrem neuen Wohnwagen, den ihnen der Zirkusdirektor zur Verfügung gestellt hatte.

Peter Bento:

Als wir unseren Vertrag in aller Freundschaft auflösten, weil Adolf Althoff ein neues Programm zusammenstellen wollte und auch wir, »Die 3 Bentos«, nach all den Jahren mal wieder andere Zirkusluft schnuppern wollten, war unser Wohnwagen noch immer nicht abbezahlt. Ich verscherbelte meinen neuen Maßanzug und ein paar Stiefel auf dem Schwarzmarkt, um endlich bei Adolf Althoff nicht mehr in der Schuld zu stehen.

Unser Wagen war sechs Meter lang. Für uns erschien er so groß wie ein Palast. Doch außer drei übereinandergebauten Bettgestellen und zwei Waschbecken war er leer gewesen; das Holz auf dem Boden und an den Wänden war noch roh und unbearbeitet. Das Linoleum, mit dem ich den Boden auslegte, hatten Mohamed und ich in bewährter Weise »organisiert«: In einer Linoleum-Fabrik in der Nähe unseres damaligen Winterquartiers konnte man Altpapier gegen Linoleum tauschen. Aber man brauchte dafür eine ganze Menge, und es hätte viel zu lange gedauert. Eines Tages entdeckten Mohamed und ich einen Güterzug, der auf einem Abstellgleis stand und mit Rollen aus gepreßtem Altpapier beladen war. In einem unbeobachteten Moment zerrten wir jeder eine Rolle von dem Waggon herunter und schleppten das schwere Ding auf der Schulter in die Fabrik.

Tante Mariechen, die gute Seele, schenkte uns Möbel und Bettzeug.

Jedes unserer Kinder bekam nun sein eigenes Bett, Irene und ich schliefen zunächst auf einer Matratze auf dem Fußboden. Wir waren so glücklich damals. Ich glaube, das war überhaupt unsere glücklichste Zeit, weil wir den alten Ballast abgeworfen hatten und den neuen noch nicht zuließen.

Doch Irenes Veränderung begann in dem Moment, als wir zum ersten Mal in das Lorch-Haus zurückkehrten.

»Die 3 Bentos« hatten inzwischen beim Zirkus Williams, der von Althoffs Schwester Carola Williams geführt wurde, später beim holländischen Zirkus van Bever und schließlich in München beim Zirkus Krone angeheuert. Hier trafen sie auch ihren Freund Mohamed wieder. Den Gedanken, auszuwandern, hatten Irene und Peter aufgegeben. Sie wollten auch Peters inzwischen kranken Vater nicht im Stich lassen.

Ab 1953 wurde das Lorch-Haus ihr Winterquartier. Allerdings stellten sie in den ersten Jahren ihren Wohnwagen auf dem Grundstück ab und lebten darin. Irene traute sich erst Jahre später in das Haus ihres Kinderglücks und ihrer Scham zurück. Sie konnte es nur schwer ertragen, daß die Großeltern niemals zurückkehren würden.

Irene Bento:

Als Peter und ich das erste Mal seit 1943 wieder nach Eschollbrücken kamen, hatte ich in der Nacht davor von Oma Sessie geträumt. Ihr Gesicht glich einem Totenkopf, so wie die Gesichter der Überlebenden aus den KZs, die wir in der Wochenschau nach Kriegsende gesehen hatten. Da wußte ich, daß mich die Vergangenheit wieder eingeholt hatte. Ich bat Peter, allein zu fahren. Doch er meinte, es sei schließlich mein Elternhaus. Er parkte mit seinem Volkswagen, den er sich von einem Kollegen geliehen hatte, auf der gegenüberliegenden Straßenseite. Ich weigerte mich, auszusteigen. Während er sich im Haus aufhielt, machte ich mich ganz klein, damit mich niemand sehen konnte. Mir erschien es wie eine Ewigkeit, bis Peter endlich wieder herauskam. Mich bewegten seltsame Gefühle: Nichts hatte sich verändert. Nicht das Haus gegenüber mit seinem Vorgarten, nicht die Straßenlaternen, nicht das Hinweisschild nach Pfungstadt. Und trotzdem – ich fühlte mich wie ein Eindringling, wie eine Fremde, die hier nichts zu suchen hat. Das Haus war, wie mir Peter dann erzählte und wie ich es später mit eigenen Augen sah, vollkommen verwahrlost.

Unten im Keller türmte sich der Dreck meterhoch. Eine Granate hatte die Außenmauer der Rückfront durchbohrt und war bis in das Schlafzimmer der Großeltern gedrungen. Die Tapeten hingen in Fetzen herunter, an mehreren Stellen waren die Wände aufgerissen, so daß man das Stroh in den Zwischenräumen sehen konnte. Die Fensterläden waren geborsten, hingen schief in den Angeln. Unsere Möbel fanden wir nicht mehr vor, genauso wenig wie die Bettwäsche, die von Großmutter so kunstvoll bestickten Tischdecken, die Bilder, die silbernen Sabbatleuchter, die Musikinstrumente, Kostüme und Requisiten der Lorch-Artisten. Doch auf dem Speicher fand ich später, als wir schließlich eingezogen waren, mein letztes Schulzeugnis, mein altes hebräisches Gebetsbuch, und mein Poesiealbum mit Fotos aus der Kindheit. Sogar die kleinen Gehäuse an den Türpfosten, die Mesusas, waren noch da, wenn auch von einer Schicht abbröckelnder Farbe überstrichen. Ich kratzte sie ab, und darunter kam die Blechkapsel zum Vorschein. Der winzige Pergamentstreifen mit den hebräischen Schriftzeichen steckte noch darin. Ich hörte mein Herz klopfen und spürte, wie mir die Tränen aus den Augen und über die Wangen rollten – unser jüdisches Haus war trotz seines jämmerlichen Zustandes auch in den vergangenen zehn bösen Jahren beschützt worden. Voller Ehrfurcht und Dankbarkeit küßte ich die Mesusa.

Nach dem Krieg leben in Escholbrücken ungefähr 300 Menschen. Neue Familien ziehen in den Ort, die mit seiner Vergangenheit nichts zu tun haben. Die älteren werden immer weniger. Der Lehrer Herbert, der die jüdische Schülerin Irene so gequält hatte, ist nicht mehr da. Auch der Bürgermeister Kistinger, der die schwangere Irene denunziert hatte, lebt nicht mehr.

Irene und Peter erfahren, daß Eschollbrücken am Ende des Krieges »judenfrei« war. Auch die beiden anderen jüdischen Familien, die Wolfs und die Landsbergs, hatten das Schicksal ihrer Glaubensgenossen erlitten – nur wenige von ihnen überlebten und kamen nie mehr in den Ort zurück.

Aber frühere Schulkameraden und Freundinnen von Irene sind noch da. Und auch einige der ehemaligen SA-Leute, die mit Begeisterung zur Judenhatz geblasen hatten.

Keinem von ihnen ist ein Prozeß gemacht worden.

Irene zieht sich ganz in ihre schützende Familienhöhle zurück, wenn sie im späten Herbst von ihrer Gastspielreise zurückkommen, um hier in Eschollbrücken den Winter zu verbringen. Mit ihren drei, vier und schließlich fünf Kindern hat sie genug zu tun. Doch sie meidet den Ort und seine Bewohner. Peter übernimmt das Einkaufen.

Irene Bento:

Natürlich hätten wir das Haus verkaufen und woanders neu anfangen können. Aber die Wurzeln sind tief. Meine

Urgroßeltern haben das Haus gebaut, meine Großeltern haben es gehegt, es ist ein Teil meiner zerstörten Familie, den ich in Ehren halten möchte. Es birgt so viele Erinnerungen, gute wie schlechte. Die schlechten hätten mich auch an einem anderen Ort niemals losgelassen. Ich möchte es meinen Kindern und meinen Enkeln weitergeben.

Ich gehe so gut wie nie in den Ort, denn jede Straßenecke, jedes Haus, jeder Baum erinnert mich an die Demütigungen von einst. Ich mag auch nicht in die Gesichter der Menschen schauen, denn es könnte ja einer darunter sein, der mich damals verhöhnte, oder der unsere Familie denunzierte. Oder einfach, der von unserem Unglück wußte und nichts dagegen unternahm. Und wenn es dann doch passiert, daß mich jemand erkennt, ist das sehr verkrampft. Man kann nicht mehr normal miteinander reden. Aber vermutlich liegt das an mir. Es ist sonderbar – obwohl ich doch längst weiß, welch großes Unrecht die Juden erdulden mußten, kriecht manchmal wieder die alte Scham in mir hoch. Dann schüttle ich mich und rede mir ein, daß ich ein genauso wertvoller Mensch bin wie die anderen. Wenn es an der Tür klingelt, zucke ich zusammen und verstecke mich im Bad. Einmal habe ich mich sogar dabei ertappt, daß ich schnell unseren Sabbatleuchter ergriff und ihn im Schrank versteckte.

Einmal waren Peter und ich zu einem Fest eingeladen. Ein Bekannter, ein wohlhabender Mann, feierte seinen 60. Geburtstag. Sein Vater war noch bei den Lorchs Chauffeur gewesen. Es waren viele Leute da, und ich stellte zu meinem Entsetzen fest, daß ich einige der Gesichter wiedererkannte. Peter und ich saßen an einem der langen Holztische. Plötzlich betrat einer den Saal, den ich sofort als einen der größten Nazis wiedererkannte, auch ohne Uniform. Er hatte damals meinen Großvater gezwungen, die Girlanden von unserem Haus wieder abzunehmen. Und er hatte gedroht, uns zu erschießen. Ausgerechnet der setzte sich an unseren Tisch, genau mir gegenüber. Und dann wollte er mit mir plaudern, so als sei nie etwas geschehen. Mir wurde es eiskalt. Ich fing so an zu zittern, daß ich meine Zigarette nicht mehr halten konnte. Ich fragte ihn, ob er sich noch erinnern könne an jenen 1. Mai, als er in Uniform vor unserem Haus patrouilliert war und meinen Großvater zum Weinen gebracht hatte. Peter streichelte beruhigend meine Schulter. Doch ich wollte die Antwort des Mannes gar nicht hören. Ich stand auf und lief hinaus, so schnell ich konnte. Danach bin ich nie wieder auf ein Fest gegangen.

Die Zwillinge Emma und Gustl Roth, die Freundinnen ihrer Kindheit, leben noch immer in Eschollbrükken. Haben geheiratet, haben Kinder bekommen, haben ihr eigenes Schicksal gelebt mit Freuden, Krankheiten, Verlusten, zwei freundliche weißhaarige Damen, die bedauern, daß Irene sich so zurückgezogen hat.

Auguste Thiem, ehemals Gustl Roth:

Das Lorch-Haus war unser zweites Zuhause. Wenn wir aus der Schule gekommen waren und unsere Hausaufgaben gemacht hatten, liefen wir rüber zu den Lorchs. Dort waren wir gern. Sie hatten eine eigene Turnhalle, in der wir Kinder turnen durften. Irene hatte einen großen, bunten Ball. So einen schönen hatten wir nicht. Sie erlaubte uns, mit ihm zu spielen. Es gab immer Kakao und Kuchen. Oft halfen wir Oma Sessie, die Straße zu kehren oder wir kauften für sie ein. Sie hat mir dann Geld in die Hand gedrückt und gesagt: »Geh, Gustl, hol mir mal schnell ein Brot vom Bäcker.« Das Restgeld durfte ich meistens behalten. Wir kannten auch die Onkel Arthur, Egon, Eugen und natürlich Julius, Irenes Großvater. Er war für uns eine große Respektsperson. Er war der Zirkusdirektor. Trotzdem durften wir ihn, genau wie Irene, Opa nennen.

Oma Sessie war eine sehr gepflegte Frau mit schönem grauem Haar. Sie trug immer ein elegantes Kleid, ganz anders, als wir es von den älteren Frauen hier in Eschollbrükken gewohnt waren.

Im späten Herbst hieß es bei uns immer: Jetzt kommen die Lorchs. Dann war die ganze Straße voller Menschen, um sie zu begrüßen. Alle freuten sich, wenn sie wieder den Winter über da waren. Denn das bedeutete Arbeit und Geld. Der Schmied, der Schuster, der Sattler, der Schneider – alle bekamen sie zu tun. Auch im Gasthaus zum Lamm waren sie willkommen. Bis dann ... eines Tages ... na ja, man hat sie nicht mehr gern gesehen dort, weil ja Hitler an die Macht gekommen war. Die meisten Eschollbrücker hatten die Lorchs gern. Aber es waren halt ein paar darunter, die sahen das anders. Und wir anderen – wir hatten einfach Angst. Man traute sich ja nichts mehr ...

✦

Emma Gabriel, früher Roths Emma:

Und auf einmal sind sie dann fort gewesen. Was hätten wir denn tun können? Von den Eltern erfuhren wir, daß sie im Zirkus versteckt waren. Und in der Lorche Gass' hat es geheißen, ach, die leben noch, die sind im Zirkus untergetaucht.

Wir wußten, daß die Lorchs Juden waren, nette Leute, sehr nette Leute. Die Männer haben sogar im ersten Weltkrieg im Schützengraben gelegen. Von den Älteren hier im Dorf hat man gehört: »Im ersten Weltkrieg haben sie fürs Vaterland gekämpft, und im zweiten werden sie vergast.«

Wir waren 15 Jahre alt, wir haben uns keine großen Gedanken gemacht, haben das nicht so ernst genommen. Doch dann hat sich Oma Sessie nicht mehr gezeigt, nur manchmal schaute sie vorsichtig durch die Gardine. Sie wollte aber nicht mehr mit uns reden. Bis sie dann plötzlich weg war. Es muß mitten in der Nacht passiert sein, denn wir haben nichts davon gemerkt. Und es waren bestimmt keine Eschollbrücker, die sie abholten. Was in Auschwitz mit ihr passierte, haben wir erst nach dem Krieg erfahren.

Um Irene haben wir uns schon Sorgen gemacht. Aber man durfte ja nicht mehr sagen, daß man noch an sie denkt und sich Gedanken über ihr Schicksal macht. Es war halt so. Einmal hat der Zirkus Althoff in Darmstadt gespielt. Da sind wir hingegangen, meine Schwester und ich. Als wir über den Platz liefen, sahen wir plötzlich die Frau Danner, Irenes Mutter. Sie schaute ängstlich um sich und sagte dann nur: »Emma, ich muß weg, da beobachtet mich jemand.« Ich wollte das nicht glauben: »Ach, die wissen doch gar nicht, daß Sie Jüdin sind.« Sie legte den Finger auf den Mund und ging schnell weg. Danach haben wir sie erst viele Jahre später wiedergesehen. Sie ist erst 1994 gestorben.

Als Irene mit ihrem Peter und den vielen kleinen Kindern zurückkam, haben wir uns sehr gefreut. Wir haben sie gleich begrüßt. Wenn wir uns sehen, winken wir uns zu. Aber wir sehen uns so wenig. Wir sollten sie mal einladen zum Kaffee ...

Fritz und Elisabeth Klaus, ein Eschollbrücker Ehepaar, sind ehemalige Mitschüler von Irene. Auch ihre Erinnerung hat ein paar Lücken.

Elisabeth Klaus:

Sie waren sehr beliebt hier im Ort, die Lorchs. Eine so fröhliche und geachtete Familie! Man hatte einfach Respekt vor ihnen. Den Winter verbrachten sie hier. Doch wenn der Frühling kam, zogen sie hinaus in die Welt. Man sagte hier: »Gehen die Lörche, kommen die Störche.« Damals hieß unsere Straße schon offiziell Pfungstädter Straße, aber kein Mensch hat sie so genannt. Das war die Lorche Gass'.

Mein Mann war im Krieg, als es plötzlich eines Tages geheißen hat: Gestern haben sie die Lorchs abgeholt. Das war alles.

Mein Vater hatte eine Landwirtschaft. Da kamen anfangs auch Juden, um für ihn zu arbeiten oder ihm etwas zu verkaufen. Sie fragten ihn: »Haltet ihr das für richtig, was die mit uns machen?« Da hat mein Vater geantwortet: »Nein, aber wir können ja nichts machen ...«

Nach dem Krieg hat man sich gelegentlich getroffen. Irene

und Peter waren auch mal bei uns zum Kaffee. Aber Irene war sehr zurückhaltend. Wir führen es darauf zurück, daß da doch eine gewisse Verbitterung ist gegenüber dem, was mit ihrer Familie geschehen ist. Ich sagte zu ihr: Irene, wir können doch auch nichts dafür.

Der inzwischen verstorbene ehemalige Lehrer von Gerda Danner, Heinrich Ripper, behauptete, nicht gewußt zu haben, welcher Religion die Lorchs angehörten. Auch daß Irene und Gerda die Schule verlassen mußten, war ihm, wie er sagte, nicht bekannt. In einer Dorfschule, wo jeder jeden kannte! Erst Ende 1945 kam er aus Krieg und Gefangenschaft zurück. Da erst habe er vom Schicksal der Lorchs erfahren. Daß Mitglieder der Familie im Schulhof Holz hacken mußten, habe er selbst gesehen und bedauert, wie die meisten Eschollbrücker.

Hermann Merschroth, der ehemalige Vorsitzende des Eschollbrücker Heimatvereins, hat sich nach dem Krieg intensiv mit der Artistenfamilie Lorch beschäftigt und über sie eine Broschüre geschrieben. Er schwärmt wie alle anderen Zeitzeugen von der Familie, die den Namen ihres gemeinsamen Heimatortes in alle Welt getragen habe. Und von einem Lorch- Artisten, der dem Sohn des letzten Zaren das Reiten beigebracht habe. Doch über die jüngste Vergangenheit der Lorchs werden auch seine Auskünfte sparsam. Auch er war im Krieg und dann in russischer Gefangenschaft, aus der er erst 1947 zurückkehrte. In einem einzigen Satz geht er in seiner 1989 geschriebenen Broschüre auf das Schicksal der Lorchs im Nazi-Deutschland ein: »Bei näherer Betrachtung der Todesdaten der Angehörigen fällt auf, daß mehrere Todesfälle in die Jahre 1941 und 1942 fallen. In dieser Zeit wurden mehrere Lorchs aus rassistischen Gründen von den Nazis verfolgt und in den Konzentrationslagern umgebracht.« Zu seiner Entschuldigung führt der Heimatforscher, der 1995 starb, an, daß er nichts Genaues gewußt habe, wo und wie die Lorchs umgebracht worden waren. Das hätte er leicht von Irene und ihrer Mutter erfahren können!

16 DIE ALTHOFFS – GERECHTE UNTER DEN VÖLKERN

SIE haben weggeschaut, als es darauf ankam, der Wahrheit ins Gesicht zu blicken. Sie haben weggeschaut, als sie hätten handeln müssen. Sie haben nichts gewußt und nichts gesehen. Sie haben hundert Ausreden.

Irene Bento möchte nicht mehr in die Gesichter dieser Menschen blicken, die sie trotzdem nie vergessen kann. Deren Konturen im Alter schärfer werden.

Aber da sind auch die anderen.

Der Zahnarzt Wilhelm Eitmann, der die Jüdin in seine Praxis holte. Die Freundin Renate Kressin, die Irene heimlich im Zirkus Busch zu ihrem Großvater brachte. Die Nachbarn Werner und Kistinger, die den hungernden Lorchs Brot und Milch gaben. Der Nachbar Ludwig Roth, der ihren Angehörigen bei der Flucht half. Der Pößnecker Arzt Dr. Grobe, der Irenes Leben durch eine Operation rettete. Ihr marokkanischer Freund Mohamed, der sie beschützte und tröstete. Ihr Mann Peter, der noch in der schlimmsten Situation zu ihr hielt und sie liebte. Und natürlich die Althoffs.

Stellvertretend für sie alle wurden Maria und Adolf Althoff am 20. Februar 1995 vom Staat Israel in den Kreis der »Gerechten unter den Völkern« aufgenommen.

Es ist die höchste Ehrung für Nichtjuden, die während des Nationalsozialismus ihr Leben für die Rettung von Juden aufs Spiel setzten. 1953 hat die Knesset, das Parlament Israels, ein Gesetz zum Gedächtnis an Märtyrer und Helden verabschiedet, und Yad Vashem, die Holocaust-Erinnerungsstätte in Jerusalem, damit beauftragt, diese Märtyrer und Helden zu finden und zu ehren. Bis heute haben mehr als 11 300 Frauen und Männer aus allen Teilen Europas den Ehrentitel »Gerechte unter den Völkern« erhalten. Unter den Geehrten sind 350 Deutsche.

Der Titel stammt aus einem hebräischen Satz des Talmud – Chasidai Umot Haolam –, der besagt: »Die Gerechten unter den Völkern der Welt haben einen Platz in der kommenden Welt.« In die Medaille sind die Worte des Talmud eingraviert: »Wer immer ein Menschenleben rettet, hat damit gleichsam eine ganze Welt gerettet.«

✦

Israels Botschafter Avi Primor fand bei der Verleihung im Aachener Rathaus Worte, die zu Herzen gingen. Der in Israel geborene Sohn einer deutschen Mutter sagte:

Für uns waren die Deutschen zunächst alle Nazis. Doch dann haben Menschen wie ich allmählich gelernt, daß es nicht nur Verfolgung, Nazis und Auschwitz gab. Daß es auch Menschen wie die Althoffs gab, die sich persönlich der Gefahr aussetzten, um das Leben von Juden zu retten. Mich erstaunt es noch immer, daß diese Menschen so bescheiden sind, daß sie oft selbst ihren Angehörigen nichts über ihre Tat erzählten. Lange Jahre wußten wir überhaupt nichts von ihnen. Und auch nicht von jenen, die umgebracht wurden bei dem Versuch, Juden zu retten.

Immer wieder habe ich in den letzten Jahren von diesen Helden gehört: »Das war doch ganz normal.« Aber so normal war es nicht, sich dieser lebensbedrohenden Gefahr auszusetzen, nicht nur einen Tag, oft jahrelang, um Verfolgte zu retten. Und deshalb, Adolf und Maria Althoff, möchte ich Ihnen, wie soll ich sagen, Dankbarkeit ausdrücken. Ach, Dankbarkeit, das ist viel zu schwach. Das sind ewige Gefühle! Und wenn ich Ihnen jetzt die Medaille und die Urkunde überreiche, ist das wirklich nicht mehr als ein Symbol. Sie haben etwas getan, das für ein ganzes Volk unentbehrlich ist.

Franz Althoff, die neunte Generation der Zirkusdynastie Althoff, bestätigt, daß seine Eltern mit den Kindern nie über das gesprochen haben, was damals passierte, als er noch ein kleiner Junge war. Erst durch die Ehrung, die von den Bentos angeregt worden war, erfuhren er und seine Schwester Helene, was sich während des Krieges im Zirkus Althoff und um ihn herum ereignete. Vielleicht, glaubt er, ist der Zirkus, der im Zeitalter des Medienüberflusses immer mehr zum Relikt aus einer vergangenen Zeit wird, einer der wenigen Orte der Welt, wo Menschen verschiedener Religion und Hautfarbe lernen, miteinander zu leben. Weil sie auf engstem Raum miteinander leben müssen.

✦ EPILOG

NOCH einmal, nach all den Jahren, sitzen die alten Artisten mit ihrem ehemaligen Chef und Beschützer zusammen. Dieses Mal aber nicht irgendwo unterwegs in einem Zirkuswagen, sondern im komfortablen Winterquartier der Althoffs in Breinig bei Aachen. Maria Althoff hat wie in alten Zeiten einen üppigen Kaffeetisch gedeckt. Auch Mohamed, der Gefährte von einst, ist aus Marokko gekommen. Zum ersten Mal reden sie über die Kriegsjahre im Nazi-Deutschland. In der Art alter Männer fügen sie ihre Erinnerungsfetzen zu einem abenteuerlichen Kriminalspiel, in dem sie die Hauptdarsteller sind, die kühnen, unverletzlichen Helden. Maria Althoff schüttelt lächelnd den Kopf: »Da sind sie ja wieder, meine drei Musketiere.«

Aber Adolf Althoff, ein feiner alter Herr mit immer noch blauen, oft jungenhaft aufblitzenden Augen, gesteht auch, daß er manches Mal Angst gehabt habe.

Aber nicht einmal seiner Maria, seinem »Goldstück«, hätte er es gestanden. »Nein, das war keine schöne Zeit. Ich kann immer nur sagen: Gott sei Dank, daß wir damals den Krieg verloren haben.«

In den Jahren 1946 bis 1951 baute Adolf Althoff seinen Zirkus neu auf, und Fachleute schauten mit Bewunderung auf eine Reihe von technischen Neuerungen, die der junge Direktor einführte. So war zum Beispiel der Einlaßwagen, von dem aus das Publikum erst ins Restaurantzelt und dann in die Zauberwelt unterm Chapiteau geleitet wurde, seine Idee. Er ließ als erster seine Wagen mit Kunststoff verkleiden. Und sein völlig neuartiges Parasolzelt, das, nach der Art eines Sonnenschirms aufgespannt, auf sichthindernde Masten und Stangen im Zirkusrund verzichten konnte, wurde zur vielkopierten Novität und der rheinische Zirkus Adolf Althoff zu einem der bekanntesten und besten Zirkusunternehmen in Deutschland. Doch es gab auch Einbrüche. 1965, nach einem besonders erfolgreichen Jahr mit einem glänzenden Programm, schloß Adolf Althoff seinen Zirkus, nachdem er einen Herzinfarkt erlitten hatte und an Zucker erkrankt war. Doch trotz der vom Arzt verordneten Ruhe feierte die internationale Zirkuswelt schon ein Jahr später eine Sensation, als Adolf Althoff mit seiner seltenen Dressurnummer »Tiger zu Pferd« beim berühmten amerikanischen Großzirkus Ringling Bros. and Barnum & Bailey anheuerte und mit ihm, immer in Begleitung seiner Frau Maria, quer durch die Vereinigten Staaten auf Tournee ging. Dabei sprang King, der Tiger, auf Althoffs Kommando auf ein galoppierendes Pferd, um zum Schluß unter dem Bauch des Pferdes durchzulaufen. Nach einem Jahr übergab Althoff seinem Sohn Franz und seiner Schwiegertochter Evy die Nummer und kehrte mit seiner Frau nach Deutschland zurück. Ein paar Jahre später gründete Franz Althoff den neuen Zirkus Williams-Althoff. Zwei Markennamen kamen zusammen: den Namen Williams hatte Franz Althoff seiner Tante Carola abgekauft. Mit dem Segen des Aachener Weihbischofs hieß es im März 1977 endlich wieder »Manege frei für den Zirkus Althoff«. Auch Peter Bento gehörte mit seinen Söhnen Peter und Jano und den Töchtern Mary und Daisy zur Artistenschar. Und Adolf Althoff? Er war froh und glücklich, daß sein Sohn die Zirkustradition, nun in der neunten Generation, weiterführte. Und er konnte endlich wieder Manegenluft atmen. Mit seiner Maria reiste er während der Saison im Troß mit, ein allseits geschätzter Tierlehrer, vom Artistennachwuchs jedoch gefürchtet wegen seiner Strenge.

1996 verkaufte der kinderlos gebliebene Franz Althoff seinen Zirkus. Mit seinem neuen Projekt »Pferdepalast«, einem Musicaltheater mit Menschen und Pferden, ist er seither auf Tournee. Doch die Althoff-Zirkusdynastie ist erloschen. In der Erinnerung der Menschen wird sie noch eine Zeitlang weiterleben, bevor ihre Spuren im rauhen Wind der Gegenwart verwehen.

Auch Mohamed Saharaoui trauert den alten Zeiten nach, als der Zirkus noch eine große Familie war.

»Heute hat sich so vieles verändert. Da ist sich jeder selbst der nächste. Kaum sind die Lichter im Zelt erloschen, geht jeder in seinen eigenen Wohnwagen, bleibt jeder für sich. Damals ging's nach der Vorstellung erst richtig los. Wir Artisten probten gemeinsam in der Manege, und danach saßen wir oft bis tief in die Nacht zusammen.«

Mit seinem Freund Peter ging Mohamed, der inzwischen eine eigene Truppe von Pyramidenbauern gegründet hatte, zum Zirkus Krone. Später trafen sie sich bei Franz Althoff wieder. Mohamed, der mit einer deutschen Artistin drei erwachsene Kinder hat, kehrte 1981 in seine alte Heimat zurück – er war zu alt und verbraucht für die Manege geworden. Heute lebt er in Tanger in bescheidenen Verhältnissen.

Der Kontakt zu Irene und Peter Bento und zu den Althoffs ist nie abgerissen.

Auch Mohamed würde, genau wie seine Freunde, immer wieder Artist werden: »Man ist nirgends so frei wie im Zirkus«, sagt er.

Peter Bento trat, zunächst noch mit seinem Vater und mit dessen ehemaligem Partner Polly de Baetz als »Die 3 Bentos«, in verschiedenen europäischen Zirkusunternehmen auf. Nachdem sein Vater 1957 wegen Krankheit aus der Truppe ausgeschieden und sein Onkel Polly nach Belgien zurückgekehrt war, gründete er 1959 mit seinen Söhnen Peter und Jano unter dem alten Namen ein neues Clowns-Trio. Peter Bento blieb seiner Rolle als dummer August treu. »Es war einer der schönsten Augenblicke meines Lebens, als ich mit meinen Söhnen zum ersten Mal die Manege betrat.« Die Töchter Daisy und Mary wurden bekannte Zopfhang-Jongleusen. Dabei ließen sie sich an ihren zu einem Zopf geflochtenen Haaren bis unter die Kuppel des Zelts hochziehen. Das Geheimnis dieses fernöstlichen Tricks hatte Irene Bento von chinesischen Artisten gelernt. Vor jeder Vorstellung verflocht sie die Haare ihrer Töchter so raffiniert, daß weder Kopfhaut noch Nacken Schaden nahmen. Daisy betreibt heute zusammen mit ihrem Mann die Restauration des Zirkus Krone. Mary arbeitet im Sicherheitsdienst des Münchner Flughafens.

Nach mehreren Jahren im Freizeitpark Stukenbrock bei Bielefeld zogen sich die alten Bentos in ihr Haus in Eschollbrücken zurück. Doch einmal Clown – immer Clown. Als seine Kinder Jano und Astrid mit ihren Ehepartnern vor ein paar Jahren den Kinderzirkus Clowni gründeten, kehrte auch Peter Bento wieder in die Manege zurück. Die Kinder lieben den weisen, alten Clown.

Manchmal hilft Irene ihrer jüngsten Tochter Astrid im Kassenwagen. Aber es kommen viel zu wenig Besucher. Es ist unendlich schwer, in unserer Zeit mit einem Zirkus zu überleben.

Irene ist fast noch zarter als damals, als sie ihren Peter kennenlernte. Sie wiegt kaum mehr als vierzig Kilo. Ihre Finger sind von Arthrose gekrümmt. Sie raucht zu viel. Die Jahre haben ihre einstige Schönheit nicht ganz zerstören können. Peter liebt noch immer ihre großen, dunklen Sternenaugen. Aber in diesen Augen liegt das Leid eines Lebens, das sie sich so nicht gewünscht hatte. Irene hat es nie geschafft, die Rolle des Opfers, die ihr früh aufgezwungen wurde, abzustreifen. Sie ist bis heute die verfolgte Jüdin geblieben. Die Schatten der Vergangenheit sind länger und tiefer geworden. Ohne die unverbrüchliche Liebe ihres Mannes Peter, und ohne die Zuneigung ihrer Kinder und Enkel wäre sie ein verlorenes Blatt im Wind.

✦ NACHWORT: WIE DIESES BUCH ZUSTANDE KAM

VOR gut fünfzehn Jahren recherchierte ich für eine Zeitschriften-Serie über Menschen im Zirkus. Willi Christopheri, damals Produktionsleiter beim WDR in Köln, ein großer Zirkusfreund und -kenner, der für seinen Sender auch zahlreiche Zirkus-Shows produzierte, machte mich auf Peter Bento aufmerksam. Er sei nicht nur ein Clown der alten Schule und besitze eine große Zirkussammlung, sondern habe auch eine besonders interessante Vita. Das erste Mal traf ich Peter und seine Frau Irene im Freizeitpark Stukenbrock bei Bielefeld. Dort trat Peter mit seinen beiden Söhnen als »Die 3 Bentos« auf. Wir saßen in ihrem Wohnwagen und redeten. Damals war noch viel Vorsicht auf beiden Seiten. Und obwohl die Bentos einen modernen Caravan besaßen, bekam ich schon eine Ahnung von der räumlichen Enge, in der Zirkusartisten zu Hause sind. Jahre später zeichnete mir Peter auf einem Blatt Papier die um vieles beengtere Situation auf, mit der sie sich während der Kriegsjahre notgedrungen arrangieren mußten.

Durch die Bentos lernte ich auch Maria und Adolf Althoff kennen. Für eine weitere Reportage organisierten wir ein Treffen der Ehepaare in Stukenbrock. Mir fiel die besondere Herzlichkeit und Vertrautheit auf, mit der sich die Althoffs und Bentos nach Jahren ohne große Nähe begrüßten und unterhielten. Alle vier versicherten mir, auf dem Gelände von Yad Vashem in Jerusalem sei auf der »Allee der Gerechten« für die Althoffs ein Bäumchen gepflanzt worden, sie selbst seien aber bisher noch nicht dort gewesen. Als ich zwei Jahre später nach Israel reiste, nahm ich mir vor, das Althoff-Bäumchen zu suchen und für sie als Erinnerung zu fotografieren. Über zwei Stunden lief ich in sengender Hitze die endlose Allee entlang, die rechts und links mit Johannisbrotbäumen bepflanzt ist, immer auf der Suche nach dem kleinen Schild mit den Namen von Maria und Adolf Althoff, das sie als Lebensretter von Juden ausgewiesen hätte. Schließlich gab ich meinen Versuch ohne Erfolg auf.

Erst viel später erfuhr ich durch Nachfragen bei der Holocaust-Gedächtnisstätte Yad Vashem, daß dieses Bäumchen gar nicht existierte, daß die Lebensretter Althoff in ihren Listen nicht aufgeführt waren. Da kannte ich die Althoffs und Bentos schon viel näher. Und ich lernte, daß Ereignisse, die fünfzig Jahre zurückliegen, sich in der Erinnerung verschieben und verändern. Das war auch eine besondere Schwierigkeit beim Schreiben dieses Buches. Viele Stunden verbrachte ich deswegen in der großartigen Bibliothek »Germania Judaica« in Köln, um persönliche Erinnerungen und zeitgeschichtliche Ereignisse in die richtigen Zusammenhänge zu rücken.

Die Geschichte mit dem Bäumchen, das ich vergeblich gesucht hatte, klärte sich später dann so auf: Irgendwann nach dem Krieg hatte sich bei den Bentos ein amerikanisches Ehepaar gemeldet, das von ihrem Schicksal gehört hatte. Tief berührt von den Geschehnissen, hatten die beiden versprochen, für die Althoffs ein Bäumchen in Yad Vashem zu pflanzen, wozu es aus irgendwelchen Gründen dann doch nicht gekommen war. Später, als sich an der Allee die Bäumchen dicht an dicht drängten und einfach kein Platz mehr da war, wurden keine weiteren mehr gepflanzt, die Ehrungen aber dennoch fortgesetzt.

Das Projekt »Clown« schlummerte bei mir etliche Jahre in der Schublade, ließ mich aber nie ganz los. In den späten achtziger Jahren war das Interesse an dem Stoff, verarbeitet zu einem Buch oder einem Film, nicht sonderlich groß. Doch immer wieder einmal telefonierte ich mit den Bentos, um zu hören, wie es ihnen ging. Einmal besuchte ich sie auch in ihrem Haus in Eschollbrücken. Mir gingen die Augen über, als Peter Bento mir die Fotoalben der Artistenfamilie Lorch zeigte. Sie wenigstens hatten das »tausendjährige Reich« überlebt. Irene hatte die Alben, als sie in den fünfziger Jahren ihr Haus zurückbekamen, auf dem Speicher in einem Haufen Gerümpel nahezu unversehrt wiedergefunden. Wahre Schätze! Einer der Brüder ihres Großvaters war darüber hinaus ein hervorragender Fotograf gewesen. Mit seiner Kamera hatte er bereits in den zwanziger und dreißiger Jahren viele Situationen vom Wanderleben der Artisten durch die verschiedensten Länder festgehalten.

Als wir, zusammen mit Regisseurin Micha Terjung, für den WDR einen Film über das miteinander verwobene Schicksal der Althoffs und Bentos realisierten, den wir »Zuflucht im Zirkus« nannten und der im Mai 1995 ausgestrahlt wurde, häuften sich meine Besuche in Eschollbrücken und in Breinig bei Aachen, wo die Althoffs leben. In vielen Stunden haben sie für mich die vergangenen Zeiten wieder aufleben lassen. Oft waren es quälende Stunden, vor allem für Irene.

In dieser Zeit nahm ich Kontakt zur israelischen Botschaft in Bonn auf. Ich berichtete von den Lebensrettern Althoff und regte an, sie in den Kreis der »Gerechten unter den Völkern« aufzunehmen, jene inzwischen 11 300 Frauen und Männer in ganz Europa, die diesen Ehrentitel vom Staat Israel erhielten, weil sie, die Nichtjuden, während des Nationalsozialismus verfolgten Juden oft unter Einsatz des eigenen Lebens geholfen hatten. Gerade noch rechtzeitig zum Abschluß unserer Dreharbeiten lud dann Botschafter Avi Primor die Familien Althoff und Bento ins Aachener Rathaus ein, wo er in einer feierlichen Stunde die Althoffs in den Kreis der Gerechten aufnahm.

Danach begann ich, mein Buch zu schreiben.

Dankbar bin ich den Althoffs und Bentos für ihr Vertrauen und ihre Geduld beim Beantworten meiner vielen Fragen. Dankbar aber vor allem auch, daß durch sie und die intensive Beschäftigung mit Deutschlands dunkelsten Jahren die sechs Millionen ermordeter Juden für mich keine anonyme Zahl blieb, sondern daß ich eine Ahnung davon bekam, daß jeder einzelne dieser sechs Millionen Menschen sein persönliches Schicksal und ein Recht auf sein Leben hatte, egal ob es ihm als Kind oder als Greis gewaltsam genommen wurde.

Adolf Althoff starb am 14. Oktober 1998 nach langer Krankheit in seiner Heimatstadt Stolberg bei Aachen. Er wurde fünfundachtzig Jahre alt.

Ingeborg Prior, Köln

Ruth Elias

Die Hoffnung erhielt mich am Leben

Mein Weg von Theresienstadt und Auschwitz nach Israel. Mit einem Nachwort zur Taschenbuchausgabe. 342 Seiten mit acht Abbildungen. SP 1286

Ruth Elias hat in diesem Buch nach Jahrzehnten des Schweigens die Geschichte ihres Überlebens in Theresienstadt und Auschwitz erzählt, aufgeschrieben für ihre Enkel. Nach dem deutschen Einmarsch in ihrer mährischen Heimat als Jüdin verfolgt, wird sie zunächst nach Theresienstadt deportiert. 1943 nach Auschwitz, wo es nur noch um das nackte Überleben geht. Sie sieht, wie Tausende ihrer Mitgefangenen verhungern, zu Tode gequält, vergast werden. Hier bringt sie ein Kind zur Welt – und tötet es, als der KZ-Arzt Dr. Mengele Experimente an ihm durchführen will. Viele haben versucht, Auschwitz – »das Unverständliche, das niemand verstehen kann« (Elias) – zu schildern, es »anderen« nahezubringen. Soweit dies überhaupt möglich ist, ist es in diesem Bericht gelungen.

Rudolf Vrba

Als Kanada in Auschwitz lag

Meine Flucht aus dem Vernichtungslager. Aus dem Englischen von Werner von Grünau. Mit einem Nachwort von Friedemann Bedürftig. 327 Seiten. SP 2694

Walter Rosenberg wurde mit zwanzig Jahren nach Auschwitz deportiert, in die Hölle, in der es nur ums Überleben ging – zwei Jahre hielt er durch. Und er entging der Gaskammer, weil er als Schreiber und in dem Effektenlager »Kanada« eingesetzt worden war. Dank seiner Kondition, seinem unerhörten Mut und schier undenkbarem Glück schaffte er das Unmögliche: Im April 1944 gelang ihm zusammen mit einem Freund die Flucht. Unmittelbar darauf verfaßten die beiden Entflohenen einen Bericht über das Todeslager, vor allem, um die von der Deportation bedrohten ungarischen Juden zu warnen – ihr Bericht erreichte Ungarn, aber nicht die vom Tod bedrohten Menschen. Sein Inhalt war zu unfaßbar, als daß er hätte geglaubt werden können.